FALTPLAN

»Schreiben Sie uns!

Wir hoffen, dass Ihnen dieser Reiseführer gefällt und er Ihnen ein guter Begleiter auf einer außergewöhnlichen und spannenden Reise ist.

Weil ein Reiseführer von Erfahrungen lebt, sind wir an Ihren Erlebnissen interessiert: Haben Sie im Buch ein Restaurant entdeckt, das es nicht mehr gibt, eine Sehenswürdigkeit, die wir noch nicht aufgeführt haben, oder eine falsche Adresse? Dann schreiben Sie uns!

Wir nehmen jeden Hinweis und jede Kritik ernst und arbeiten kontinuierlich daran, die Bücher aktuell zu halten und immer weiter zu verbessern. Auch wenn wir nicht jeden Wunsch erfüllen können, machen wir uns immer Gedanken über Ihre Anmerkungen.

Schreiben Sie an: info@reise-know-how.de oder Reise Know-How Verlag Peter Rump GmbH, Postfach 140666, 33626 Bielefeld

Wenn sich Ihre Infos direkt auf das Buch beziehen, bitten wir um die Angabe der Seitenzahl und der Auflagennummer bzw. des Erscheinungsjahres. Besonders hilfreiche Beiträge belohnen wir mit einem Sprachführer Ihrer Wahl aus unserer „Kauderwelsch"-Reihe.

Herzlichen Dank und gute Reisen
Ihr Reise Know-How Verlag

Diesem Buch wurde hier ein herausnehmbarer Faltplan b…
Sollte er beim Erwerb des Buches nicht mehr vorhanden sein, …nach.

Liebe Leserin, lieber Leser,

ein unabhängiger Verlag für unabhängig Reisende – das sind wir, der Reise Know-How Verlag aus Bielefeld, eines der letzten Familienunternehmen in der Branche. Obwohl wir zu den größten Reiseführerverlagen Deutschlands gehören, ist der familiäre Umgang miteinander in allen Bereichen des Verlagslebens zu spüren: In der Geschäftsführung in zweiter Generation, in einer wertschätzenden Arbeitsatmosphäre, in der Nähe zu unseren frei arbeitenden Autorinnen und Autoren, im engen Austausch mit unseren Leserinnen und Lesern – und auch in der Zusammenarbeit mit Druckereien in Deutschland, in denen wir ausschließlich und regional unsere Bücher produzieren. Die sollen schließlich erst mit Ihnen auf große Reise gehen.

Alles, was wir in unsere Bücher und Landkarten stecken, soll Ihnen eines ermöglichen: Auf Ihre ganz eigene, individuelle Weise die Welt zu entdecken. Wir wünschen Ihnen viel Freude und unvergessliche Erlebnisse mit diesem Reiseführer.

Es grüßen herzlich
Peter Rump & Wayan Rump

Die Färöer – 18 Inseln voller Magie

Im Sommer 1990 reiste ich das erste Mal auf die Färöer. Ich kam damals eher zufällig dorthin, denn mein eigentliches Ziel war Island. Die Fähre, mit der ich von Dänemark nach Island fuhr, machte in Tórshavn einen Zwischenstopp. Ich hatte drei Tage Zeit, die Inseln zu erkunden. Danach war ich mir sicher, dass ich sehr bald wiederkommen würde.

Das kleine Inselreich zog mich magisch an. Ich weiß nicht, ob es die Licht- und Wetterstimmungen waren, der weiße Nebel, der wie ein undurchsichtiger Schleier die Berge umhüllte, oder die freundlichen Menschen, die so unbeschwert und motivierend wirkten. Die Färöer hatten für mich etwas Geheimnisvolles und waren so ganz anders als die Touristeninseln im Mittelmeer.

Auf den Färöern scheint nicht die warme Sonne des Südens, es gibt keine Badestrände, keine Bettenburgen für Pauschaltouristen, keine Touristenfallen und so gut wie keine Kriminalität. Stattdessen bieten die grünen Inseln mitten im kalten Nordatlantik eine wilde, ungezähmte Natur, herrliche Wandermöglichkeiten in den Bergen und eindrucksvolle Bootsfahrten zu Vogelfelsen und Brandungshöhlen. Die Inseln sind durch ihre Vielfalt auch für Familien mit Kindern geeignet. Hier verläuft das Leben ruhiger, das Verkehrsaufkommen ist gering und es gibt keine Staus. Die Infrastruktur ist gut entwickelt. Und die Hauptstadt Tórshavn veranstaltet das ganze Jahr über ein vielfältiges Kulturprogramm: Neben traditionellen Inselfesten gibt es kulinarische Events, weihnachtliche Stimmung im Dezember und vieles mehr.

Der Autor und Fotograf

Der Autor und Fotograf **Jörg-Thomas Titz** hat bei Reise Know-How neben dem InselTrip Färöer die Reiseführer „Island" sowie „Elsass und Vogesen" veröffentlicht. Jörg-Thomas Titz ist promovierter Naturwissenschaftler und begann bereits während seines Studiums, für Zeitschriften und Bücher zu schreiben und zu fotografieren. Der Schwabe und Wahl-Pfälzer entdeckte früh seine Leidenschaft für die Länder Nordeuropas. Das klare Licht und die beeindruckenden Landschaften des Nordens faszinieren den Fotografen, die Menschen und deren Geschichten den Autor. Jörg-Thomas Titz nimmt seine Leser mit auf eine Reise in die außergewöhnlichen Inselwelt der Färöer. „Die grandiose Natur wirkt beruhigend, motiviert Geist und Seele und macht Lust auf ein Wiedersehen", sagt der Autor. Er bedankt sich bei seiner Frau Annette Wolpert für die Durchsicht des Manuskripts, die Begleitung unterwegs und die Motivation zum Arbeiten.

009fi-tt

Meine

001fi-tt

2 Tinganes [S. 145]
Die Altstadt von Tórshavn erstreckt sich über die Halbinsel Tinganes, das heutige Regierungsviertel. Im Skansapakkhúsið, einem ehemaligen Lagerhaus aus dem 18. Jh., residiert der Premierminister. Schmale Gassen führen von Haus zu Haus. Empfehlenswerte Restaurants laden dazu ein, die außergewöhnliche färöische Küche zu genießen (s. S. 20).

003fi-tt

14 Kirkjubøur [E5]
Im Mittelalter war der „Kirchenort" (wörtl. Übersetzung) kulturelles und geistliches Zentrum der Färöer. Davon zeugen noch heute die Ruine des Magnusdoms und der prächtige Königsbauernhof. Dessen schwarzes Blockhaus aus dem 13. Jh. mit roten Fensterrahmen und grünem Grasdach ist bis heute bewohnt. In der roykstova, dem traditionellen Wohnraum, wurde ein Museum eingerichtet (s. S. 38).

002fi-tt

19 Saksun [C3]
Eine landschaftlich eindrucksvolle Straße auf der Insel Streymoy 13 führt in das zehn Kilometer lange Tal von Saksun, an dessen Ende oberhalb der Bucht eine kleine, weiße Steinkirche steht. Im Taubenhof Dúvugarðar 20, dem kleinen Freilichtmuseum am Fuße eines pittoresken Wasserfalls, erfährt man, wie färöische Schafzüchter vor rund 200 Jahren lebten (s. S. 45).

004fi-tt

24 Gjógv [D2]
Gjógv auf der Insel Eysturoy 22 ist ein Bilderbuchdorf. An Sommertagen schippern Kinder auf Flößen über den angestauten Dorfteich. Der malerische Ort ist Ausgangspunkt für Wanderungen zu den Klippen und für die Besteigung des 882 m hohen Slættaratindur, des höchsten Bergs der Färöer. An der Küste lockt ein Naturhafen in einer 200 m langen Schlucht (s. S. 49).

Lieblingsorte

Tórshavn zum Inselfest Ólavsøka

In Tórshavn wird am 28. und 29. Juli das St. Olavsfest gefeiert und das Parlament feierlich eröffnet. An den beiden Festtagen kommen Färinger aus allen Landesteilen in die kleine Hauptstadt. Die meisten tragen traditionelle Trachten, in den Straßen wird getanzt, geplaudert und getrunken. Höhepunkt ist das Wettrudern in Holzbooten um die Landesmeisterschaft (s. S. 104).

005fi-tt

Auf dem Postschiff der Nordinseln

Die „Ritan" versorgt die Bewohner von Svínoy und Fugloy 44 mit allem, was sie brauchen. Das kleine Schiff tuckert durch eine beeindruckende, archaisch anmutende Inselwelt: grau-blaues Meer, links und rechts bis über 500 m hohe, fast senkrechte grüne Felswände, gelegentlich ein paar Schafe und Papageitaucher, die mit hektischem Flügelschlag am Schiff vorbeifliegen (s. S. 74).

006fi-tt

Die Robbenfrau am Meer

In Mikladalur 40 auf der Insel Kalsoy 39 steht eine besondere Skulptur: die Robbenfrau. Der Bildhauer Hans Pauli Olsen hat diese Sagengestalt aus Bronze gegossen. Die Legende berichtet von einem jungen Mann aus dem Ort, der sich in ein Robbenmädchen verliebte, als es in der Dreikönigsnacht sein Robbenfell ablegte und eine menschliche Gestalt annahm (s. S. 70).

007fi-tt

Das Ende der bewohnten Welt

Mit Viðareiði 43 erreicht man das nördlichste Dorf der Färöer. Im Westen schaut man auf die senkrechten Klippen an der Küste der Nachbarinseln Borðoy und Kunoy 37, die aussehen, als wollten sie eine geheimnisvolle Welt vor unseren Blicken verbergen. Nach Norden erstreckt sich das weite, endlose Meer bis zum Horizont (s. S. 72).

008fi-tt

Inhalt

Bewertung der Sehenswürdigkeiten
★★★ nicht verpassen
★★ besonders sehenswert
★ wichtig für speziell interessierte Besucher

Planquadrat im Kartenmaterial
[A1] Orte ohne diese Angabe liegen außerhalb unserer Karten. Ihre Lage kann aber wie die aller Ortsmarken mithilfe der begleitenden Web-App angezeigt werden (s. Anhang).

Updates zum Buch
www.reise-know-how.de/inseltrip/faroer23

Possierliche Tierchen: Papageitaucher (s. S. 109) an der Steilküste (010fi-tt)

Benutzungshinweise

Orientierungssystem

Die in den folgenden Kapiteln beschriebenen Attraktionen sind mit einer **fortlaufenden magentafarbenen Nummer** gekennzeichnet, die sich als Ortsmarke im Faltplan wiederfindet. Steht die Nummer im Fließtext, verweist sie auf die Beschreibung dieser Attraktion.

Die Angabe in **eckigen Klammern** verweist auf das Planquadrat im Faltplan oder auf den Ortsplan. Beispiel:
⓳ Saksun ★★★ [C3]

Alle weiteren Points of Interest wie Unterkünfte, Restaurants oder Cafés sind mit einer Nummer in **spitzen Klammern** versehen. Anhand dieser eindeutigen Nummer können die Orte in unserer speziell aufbereiteten Web-App unter www.reise-know-how.de/inseltrip/faroer23 lokalisiert werden (s. S. 144). Beispiel:
› **Hotel Føroyar** €€€€ <012>

Beginnen die Points of Interest mit einem **farbigen Quadrat,** so sind sie zusätzlich in den Ortsplänen eingezeichnet:
■ **Kaffihúsið** € <024>

Der Schmetterling ...

... zeigt an, wo man besonders gut Natur erleben kann oder Angebote im Bereich des nachhaltigen Tourismus findet.

Preiskategorien

Unterkünfte

Die Preise gelten für ein Doppelzimmer mit Frühstück in der Hochsaison von Mai bis September.

€	bis 750 kr (bis ca. 100 €)
€€	750–1100 kr (ca. 100–150 €)
€€€	1100–1500 kr (ca. 150–200 €)
€€€€	über 1500 kr (über ca. 200 €)

Gastronomie

Die Preise beziehen sich auf ein Hauptgericht:

€	bis 150 kr (bis ca. 20 €)
€€	150–300 kr (ca. 20–40 €)
€€€	300–450 kr (ca. 40–60 €)
€€€€	über 450 kr (über ca. 60 €)

Vorwahlen

- **Färöer:** 00298
- **Deutschland:** 0049
- **Österreich:** 0043
- **Schweiz:** 0041

In diesem Buch sind sämtliche Telefonnummern ohne die Vorwahl für die Färöer angegeben. Es gibt keine Ortsvorwahlen.

DIE FÄRÖER ENTDECKEN

011fi-tt

Die Färöer im Überblick

Die Geburt der Färöer (färöisch: Føroyar) war feurig. Das ist zwar schon 60 bis 70 Mio. Jahre her, aber der **Vulkanismus** und die sich anschließenden **Eiszeiten** haben die 18 Eilande der Inselgruppe gestaltet. Es sind **grüne Inseln:** Eine dünne Decke aus Gräsern, Moosen und Flechten bedeckt das Land. Nahezu baumlos ragen sie bis auf 882 m aus dem Meer empor. Schmale **Meeresarme** trennen die einzelnen Eilande voneinander. Die Hauptinseln sind durch **Brücken und Tunnel** miteinander verbunden. 2023 soll der Tunnel zur Insel Sandoy 45 fertiggestellt werden und auch ein Tunnel nach Suðuroy 51 ist in Planung.

Die Nähe zum **Polarkreis** – die Färöer liegen auf 62 Grad nördlicher Breite und 7 Grad westlicher Länge – beschert den Inseln das klare, oft kühle Licht des Nordens, das sie an manchen Tagen in intensiv leuchtende Farben taucht. Der warme **Golfstrom,** der die Eilande umfließt, beeinflusst maßgeblich das **maritime Klima.** Trotz der nördlichen Lage ist es in den Wintermonaten verhältnismäßig warm. Windig ist es auf den Färöern das ganze Jahr über und in den Bergen muss man stets mit Nebel rechnen – und mit Regen sowieso.

Føroyar bedeutet „**Schafsinseln**" – und das nicht ohne Grund: Die 54.000 Bewohner teilen sich ihre Heimat mit ca. 70.000 Schafen. An den Steilküsten nisten **Seevögel** in Klippen, die zu den höchsten der Welt zählen.

Vorseite: Vor der Steilküste ragen rechts im Hintergrund die Felsen Risin og Kellingin („der Riese und sein Trollweib", s. S. 48) aus dem Meer

Die Färöer wollen entdeckt werden, denn für Außenstehende bergen sie unzählige **Geheimnisse.** Wer diese lüften möchte, sollte die Bewohner auf ihren **Inselfesten** (s. S. 102) erleben, in einer Brandungshöhle im Takt der Wellen einem **Grottenkonzert** (s. S. 76) lauschen, eines der liebevoll eingerichteten **Heimatmuseen** (z. B. in Sørvágur 34, s. S. 60, oder Glyvrar, s. S. 56) besuchen, die vom einst so kargen Leben der Insulaner berichten, oder auf einer **Wanderung mit Ausblick** (s. S. 90) die wilde, ungezähmte Natur erkunden.

Naturerlebnisse statt Sonnenbrand am Badestrand

Einen Sonnenbrand kann man sich auf den Färöern durchaus holen – allerdings weniger am Strand, aber unter Umständen an einem sonnigen Sommertag bei der Besteigung des höchsten Bergs der Inselgruppe (s. Wanderung 3 auf S. 94). Das Meer ist zu kalt und die Brandung zu stark, um darin zu schwimmen – und **Badestrände gibt es ohnehin so gut wie gar nicht.** Dafür kann man auf den Färöern klares Wasser aus eiskalten Bergbächen trinken. Am Ufer blüht vielleicht die **Nationalblume** der Färöer, die **Sumpfdotterblume,** in leuchtendem Gelb. Und mit etwas Glück ruft ein **Austernfischer** von einem moosbewachsenen Felsen, der **Nationalvogel** der Inseln. Es gibt keine Stechmücken, aber auch keine Bienen und somit keinen färöischen Honig. An den Küsten nisten Papageitaucher, Dreizehenmöwen, Trottellummen und Eissturmvögel. Wer sich an den Rand einer **Vogelklippe** (s. S. 129) setzt, kann das lautstarke Spektakel beim An- und Abflug der Vögel beobachten.

Im **Winter** flackert das **Polarlicht** am Himmel. Im **Sommer** sind die Tage lang und es wird nicht richtig dunkel. Man hat also viel Zeit, immer wieder neue Eindrücke zu sammeln und auf sich wirken zu lassen. Die Natur auf den Inseln ist unendlich abwechslungsreich und vielfältig.

Speisekammer für Gourmets

Die **nordische Küche** der Färöer (s. S. 105) ist einzigartig! Das Angebot an **färöischen Nahrungsmitteln** ist zwar begrenzt, aber die einheimischen Produkte sind allesamt von **bester Bioqualität.** Das Gras und die Wildkräuter, die wegen des rauen Klimas nur langsam wachsen, speichern besonders viele Nährstoffe. Die Schafe weiden draußen und das frische Grün liefert die Grundlage für **wohlschmeckendes Fleisch.** Aus **fangfrischem färöischen Fisch** wie Dorsch, Seeteufel und Lachs, aber auch aus Meeresschnecken, Muscheln und Kaiserhummer werden nicht nur in den besten Restaurants der Welt, sondern auch in den Lokalen der Färöer erlesene Speisen zubereitet. Das **traditionelle Essen der Bauern** mischt sich dabei mit der **modernen skandinavischen Küche.** Das Restaurant **KOKS** wurde sogar (als bislang einziges Restaurant auf den Färöern) mit zwei Michelin-Sternen ausgezeichnet. 2022 zog es jedoch von seinem Standort am Leynarvatn nach Grönland um, wo es vermutlich die nächsten Jahre bleiben wird, bis auf den Färöern ein neuer Standort gefunden wurde. Kulinarische Gaumenfreuden gibt es auf den „Schafsinseln" aber weiterhin, denn in Tórshavn eröffnete das Schwesterrestaurant **ROKS** und auch das **Ræst fermented** (beide s. S. 31) wurde von den Inhabern des KOKS übernommen. Und wer in Tórshavn einmal im **Etika** (s. S. 31) Sushi probiert hat, wird schnell merken: Die färöische Variante kann locker mit der japanischen mithalten.

⌃ *Auf dem schmalen Felsgrat der Klippe Kallurin im Norden der Insel Kalsoy* (39) *steht ein Leuchtturm*

Musik und Kultur

Die **Musikszene** ist auf den Färöern besonders lebendig. Sie reicht von nordischer Volksmusik über Skandinavien-Pop bis zu Doom Metal, der düsteren, Endzeitstimmung verkündenden Musikrichtung mit den schweren Griffen einer verzerrt klingenden E-Gitarre.

Trotz ihrer Abgeschiedenheit finden auf den Färöern **viele kulturelle Veranstaltungen** statt. Sie konzentrieren sich nicht allein auf die Hauptstadt Tórshavn, sondern jede Insel veranstaltet ihre eigenen Kulturevents. Mitte Juli steigt in Syðrugøta (Gøta 29) das **G! Festival** (s. S. 102) vor einer wunderschönen Naturkulisse. Hier sind bekannte internationale Künstler ebenso vertreten wie aufstrebende färöische Bands. Im August lockt das **Sommerfestival** (s. S. 103), das größte Open-Air-Musikspektakel der Inseln, Besucher nach Klaksvík 38. Wer klassische und zeitgenössische Musik mag, für den ist das **Summartónar Festival** (s. S. 102) mit Konzerten färöischer Musiker das Richtige.

Färöische Mode

Die färöische Mode ist auf **warme, funktionelle Kleidung** ausgerichtet, die den Wind und auch mal einen Regenschauer abhält. Die grobe Wolle färöischer Schafe ist dafür bestens geeignet. **Färöische Wollwaren** (s. S. 107) sind reich mit traditionellen Mustern in verschiedenen, festgelegten Farbkombinationen verziert. Die ersten, die den internationalen Durchbruch schafften, waren die beiden Gründerinnen des Labels **Guðrun & Guðrun** (s. S. 32) – auch dank der dänischen TV-Krimiserie „Forbrydelsen“, dessen Protagonisten Kommissarin Lund einen ihrer Pullis trug. Seither boomen färöische Wollwaren und immer mehr Labels wie Sirri, Barbara í Gongíni und Shisa Brand fertigen und verkaufen die Mode der Färöer in die ganze Welt.

014fi-tt

Die Hauptstadt Tórshavn

Tórshavn wurde im 9. Jh. von den Wikingern gegründet und nach dem **Kriegsgott Thor** benannt. Auf einer schmalen Landzunge, dem heutigen Tinganes 2, befand sich einst die Thingstätte der Wikinger – heute bildet Tinganes das Regierungsviertel.

Mit 14.000 Einwohnern ist Tórshavn eine der **kleinsten Hauptstädte der Welt**, wobei in der Kommune Tórshavn, zu der auch die umliegenden Orte zählen, insgesamt rund 23.000 Menschen wohnen. Die überschaubare Größe hat Vorteile, denn die Hauptstadt lässt sich **bequem zu Fuß erkunden.** Mit den bunten Hausfassaden und Blechdächern ist Tórshavn eine ausgesprochen farbenfrohe Inselmetropole, in der **nette Cafés und empfehlenswerte Restaurants**

> Tórshavn mit Westhafen 3, Tinganes 2 und Osthafen (v.l.n.r.)

< Gemusterte Maschen: Färöische Wollpullover halten garantiert warm

015fi-tt

dazu einladen, Stress und Hektik bei einem Kaffee, einem Glas färöischem Bier oder einem leckeren Fischgericht zu vergessen und einfach die Seele baumeln zu lassen. Tórshavn wirkt ruhig und ist sauber und aufgeräumt.

In der **Niels Finsens gøta** kann man gut **shoppen** und einen Schaufensterbummel unternehmen. Die Läden sind kleiner und das Angebot überschaubarer als in anderen Hauptstädten. Und wenn es regnet, was recht häufig vorkommt, schaut man sich das **Nordische Haus (Norðurlandahúsið)** 7 an, besucht die **Nationalgalerie (Listasavn Føroya)** 6 oder lässt sich im **Nationalmuseum (Tjóðsavn)** 8 die archäologischen Funde aus der Wikingerzeit zeigen.

Die Inseln – Highlights und Empfehlungen

Auf **Streymoy** 13 lohnt sich ein Ausflug nach **Kirkjubøur** 14 an der Südspitze der Insel. Dort steht die Ruine des Magnusdoms und in der *roykstova* (Rauchstube, s. S. 40) des Königsbauernhofs kann man sich ein Bild davon machen, wie die Menschen hier früher lebten. Von Vestmanna 17 fahren Ausflugsboote zu den **Vogelklippen** und **Brandungshöhlen** an der steilen Westküste. In **Saksun** 19 lohnt sich ein Besuch im **Freilichtmuseum Dúvugarðar** 20 und im Nordwesten der Insel stürzt sich die **Fossá** [C3] als **höchster Wasserfall der Färöer** 140 m tief in den Sundini (s. Haldarsvík 21).

Auf **Eysturoy** 22 ist die Gegend zwischen **Eiði** 23 und **Oyndarfjørður** 26 besonders sehenswert. Vorbei am **höchsten Berg** der Färöer, dem **Slættaratindur** [C–D2] (s. Wanderung 3 auf S. 94), verläuft eine herrliche Panoramastraße.

Durch einen **Meerestunnel** gelangt man nach **Klaksvík** 38 auf der Insel **Borðoy** 37. Auf **Kalsoy** 39 kann man der **Robbenfrau** (s. S. 70) einen Besuch abstatten. Von Borðoy führen Brücken auf die Inseln **Kunoy** 37 und **Viðoy** 42. In **Viðareiði** 43 ganz im Norden der Färöer endet die Straße vor den höchsten Klippen der Färöer. Mit dem **Postschiff** (s. S. 74) kann man eine unvergessliche „Kreuzfahrt" zu den Nordinseln **Svínoy und Fugloy** 44 unternehmen, die durch eine einmalig schöne **Fjordlandschaft** führt.

Südlich von Streymoy lohnt sich ein Ausflug auf die Insel **Vágar** 31, auf der sich auch der **internationale Flughafen** (s. S. 116) befindet. Hier kann man am **Sørvágsvatn** 33 entlangwandern, bis dessen südlicher Seeabfluss im **Wasserfall Bøsdalafossur** ins Meer stürzt (s. Wanderung 4 auf S. 95). Von Sørvágur verkehren Ausflugsboote auf die nahe gelegene **Vogelinsel Mykines** 36. Dort geht es nur zu Fuß weiter. Doch wer die Seevögel beobachten möchte, nimmt die manchmal beschwerlichen Wege gerne auf sich.

Von Gamlarætt fährt eine Fähre zum kleinen Eiland **Hestur** [D5] und zur Insel **Sandoy** 45, zumindest noch bis zur Eröffnung des neuen Tunnels. Auf die Südinsel **Suðuroy** 51 sollte man nur bei einem **längeren Färöer-Aufenthalt** reisen. Man kommt nur mit dem Schiff oder dem Hubschrauber dorthin und mitunter ist die Rückreise ungewiss, denn wenn sich plötzlich das Wetter ändert, sitzt man erst einmal auf der Insel fest.

Im Winter flackert das Polarlicht über den Färöern

Die Färöer erkunden

Alle 18 Inseln der Färöer wird man wohl kaum **in einer Woche** vollständig **kennenlernen** können, doch für die wichtigsten Sehenswürdigkeiten reicht diese Zeitspanne durchaus. Am einfachsten und praktischsten gestaltet sich eine Entdeckung der Inselgruppe mit dem **eigenen Auto** oder einem **Mietwagen** (s. Autofahren auf S. 118). Die Entfernungen sind nicht allzu groß, kein Punkt auf den Inseln ist mehr als fünf Kilometer von der Küste entfernt. Man ist flexibel und kann selbst entscheiden, wo man wie lange verweilt. Abgesehen von der Südinsel Suðuroy lassen sich von Tórshavn aus **Tagesausflüge** in jeden Inselteil unternehmen.

Wer ohne Auto unterwegs ist, nutzt die **Überlandbusse** (s. S. 132). Das öffentliche Verkehrsnetz ist zwar insgesamt gut erschlossen, aber in **abgelegene Orte** fahren die Busse nicht sehr oft.

Die wilde, ursprüngliche **Natur** der Färöer erlebt man am besten **zu Fuß** auf einer **Wanderung** (s. S. 90). Für Überlandfahrten mit dem **Fahrrad** (s. S. 99) sind die Inseln – bis auf Sandoy – nicht geeignet.

Inselsteckbrief

- **Lage:** Die Inselgruppe der Färöer liegt nordwestlich von Schottland etwa auf halber Strecke zwischen Norwegen und Island mitten im Nordatlantik. Die 18 kleinen Inseln mit ihren tiefen Fjorden und Sunden haben ungefähr die Form eines auf dem Kopf stehenden Dreiecks, das in Nord-Süd-Richtung 118 km und von West nach Ost 75 km misst. Kein Punkt auf den Inseln ist mehr als 5 km von der Küste entfernt.
- **Entstehung:** Die Färöer entstanden im Tertiär vor etwa 60–70 Mio. Jahren durch Vulkanismus. Gletscher modellierten die Inseln während der Eiszeit in ihre heutige Form. Sie bestehen aus harten und stufigen Basaltschichten sowie weichem Tuff. Im Osten fallen die Inseln flach zum Meer hin ab, während sich vor allem im Norden und Westen Steilküsten, die zu den höchsten der Welt zählen, 800 m senkrecht aus dem Meer erheben.
- **Höchste Erhebungen:** Slættaratindur (882 m) und Gráfelli (856 m) auf Eysturoy 22; Vilingadalsfjall (841 m) auf Viðoy 42; Kúvingafjall (830 m) und Teigafjall (825 m) auf Kunoy 37
- **Fläche:** 1399 km²
- **Einwohner:** 54.273 (2023)
- **Bevölkerungsdichte:** 38,8 Einwohner/km²
- **Hauptort:** Tórshavn
- **Politik und Verwaltung:** Nach dem Zweiten Weltkrieg wurde im Selbstverwaltungsgesetz von 1948 festgelegt, dass die Färöer ein eigenständiger Teil Dänemarks mit eigener Regierung und Verwaltung sind. Die Inselgruppe bekam ihre eigene Nationalflagge (s. S. 84). Die Sicherheits- und Außenpolitik wurde aber bis zum Vertrag von Fámjin 2005 (s. S. 114) von Dänemark bestimmt. Die Färöer haben weder Armee noch Wehrpflicht. Seit 2007 sind sie im Nordischen Rat eigenständig vertreten, sie sind jedoch kein EU-Mitglied. Die Handelsbeziehungen sind über Verträge geregelt.
- **Wirtschaft und Tourismus:** Fischfang und Fischverarbeitung bilden den Hauptwirtschaftszweig der Färöer, deren Produkte mit einem Volumen von 1,5 Milliarden Euro rund 92 % des Exports ausmachen. Die Einnahmen aus dem Tourismus stehen an zweiter Stelle, die aus der Wollverarbeitung an dritter. Nach Auskunft der Touristeninformation in Tórshavn nimmt der Tourismus auf den Färöern kontinuierlich zu. Genaue Wirtschaftszahlen wurden aber noch nicht erfasst. Nach der amtlichen Statistik der Hagstova Føroya (Statistikbehörde der Färöer) gab es 2021 insgesamt 274.414 Einreisen per Schiff und Flugzeug, vor der COVID-19-Pandemie zählte man noch 472.877 Einreisende (2019). In der Handelsbilanz sind die Importe (12.134 Millionen Kronen im Jahr 2022) und Exporte (12.497 Millionen Kronen) nahezu ausgeglichen. Die meisten Färinger sind im öffentlichen Dienst beschäftigt. Die Arbeitslosenquote ist mit 0,8 % (2023) niedrig. Am färöischen Staatshaushalt beteiligt sich Dänemark mit einem Zuschuss. Wichtigster Handelspartner sind die EU-Länder. Wie in allen europäischen Ländern steigen die Preise für Konsumenten kontinuierlich an, von 3,4 % im November 2021 kletterte die Inflationsrate auf 10,1 % im November 2022.

Inselhauptstadt Tórshavn

Bei Sonnenschein ist Tórshavn eine pittoreske, bunte Hauptstadt. Über dem Osthafen, in dem nicht nur die großen Schiffe anlegen, sondern auch viele kleine Fischerboote vor Anker liegen, stehen prachtvolle ehemalige Lagerhäuser, deren Fassaden in Rotbraun, Blau und Weiß leuchten. Oberhalb des Hafens erstreckt sich die älteste Hauptstadt Nordeuropas, die von ihren Bewohnern kurz „Havn" genannt wird, den Berghang hinauf.

Beachtenswert ist die auffällig beschriftete Fassade des Hotels Hafnia (s. S. 30). Am oberen Stadtrand kann man das lange, grüne Dach des Hotels Føroyar (s. S. 29) und das grüne Grasdach des Nordischen Hauses 7 erkennen. Was heute wie ein **Postkartenmotiv** anmutet, war im 9. Jh., als die Wikinger hier ankamen, nur eine flache, felsige Halbinsel an der Küste. Sie war den **heftigen Stürmen** schutzlos ausgesetzt, doch die höchsten Wellen des Nordatlantik wurden durch die **vorgelagerte Insel Nólsoy** 12 gebrochen. Dies war die einzige flache Stelle zum Anlanden. Überall sonst prallten die Wellen mit Macht gegen senkrechte Felswände.

Die **ersten Siedler** kamen aus Norwegen. Es waren Flüchtlinge, denn die vielen Kriege, die **König Harald I.** (um 850–933) bis zur vollständigen Unterwerfung der norwegischen Kleinkönigreiche führte, lösten damals eine Auswanderungswelle aus. Harald soll einen Eid geleistet haben, sein Haar so lange nicht mehr schneiden zu lassen, bis er ganz Norwegen unter seiner Herrschaft vereinigt hatte. Dies brachte ihm den **Beinamen „Schönhaar"** ein. Doch nicht nur der Krieg, sondern auch die widrigen Lebensbedingungen an der dicht besiedelten norwegischen Küste veranlassten viele Wikinger, sich eine neue Heimat zu suchen. Die nahen Färöer waren für sie ein wichtiges Siedlungsgebiet, denn dort lebten

018fi-tt

bislang nur ein paar **irische Mönche** mit ihren Schafen. Die Wikinger errichteten dort ihr eigenes Parlament mit **Thingstätten**, an denen sich die Stammesfürsten und freien Bauern versammelten. Auf der Halbinsel **Tinganes** ❷ befand sich das **Hauptthing.** Ab dem Jahr 900 wurden hier jeden Sommer Gesetze erlassen und Gerichtsverhandlungen abgehalten. Tórshavn wurde erstmals 1075 urkundlich erwähnt. Der Ort wurde als „Thors Hafen" nach **Thor** benannt, dem Donner- und Kriegsgott sowie dem Herrscher über Stürme, Blitze und Unwetter.

1271 wurde in einem **Dekret von König Magnus VI.** (1238–1280) festgelegt, dass die Färinger jedes Jahr zwei Schiffe mit färöischen Waren nach Norwegen schicken durften. Im Gegenzug konnten sie Getreide, Salz und Holz aus Norwegen importieren. Auf Tinganes wurden die ersten Lagerhäuser gebaut und während das Thing abgehalten wurde, fand hier ein großer Jahrmarkt statt. 1361 erlaubten die Norweger der **Hanse** den Monopolhandel mit den Färöern. 1673 zerstörte ein **großes Feuer** nahezu alle Häuser von Tinganes. Verschont blieben damals nur zwei Gebäude.

Lebten im 17. Jh. nur etwa 100 Menschen hier, stieg die **Einwohnerzahl** nach der Stadtgründung im Jahr 1866 rasant an und liegt heute bei rund 14.000. Das Stadtgebiet ist 158 km² groß, doch die eigentliche **Innenstadt** mit der Fußgängerzone erstreckt sich nur über eine Fläche von etwa 1 mal 1 km und lässt sich **bequem zu Fuß erkunden.**

◁ Vor dem Regierungsgebäude in Tinganes (links im Bild) weht die färöische Nationalflagge (s. S. 84)

017fi-tt

Spaziergang durch die Innenstadt

Der etwa zweistündige Stadtrundgang startet am **Osthafen (Eystaravág).** Vom Platz Kongabrúgvin folgt man dem **Áarvegur** in Richtung Norden. Gleich am Anfang finden sich an der Abzweigung der Straße **Gongin** mehrere **empfehlenswerte Lokale** wie die Gourmetrestaurants ROKS, Ræst fermented (beide s. S. 31) und Áarstova (s. S. 30) sowie das Barbara Fish House (s. S. 30). Die historischen Häuser hier sind Teil der Altstadt **Tinganes** ❷. An einer Mauer erinnert eine **Gedenktafel** an den bislang einzigen Nobelpreisträger der Färöer: **Dr. Niels Ryberg Finsen** (s. S. 19).

Am Ende des kurzen Áarvegur erreicht man den zentralen **Stadtplatz Vaglið.** In der 1860 erbauten ehemaligen Realschule residiert heute die größte **Buchhandlung** von Tórshavn:

△ St. Olafsfest (s. S. 104): Der Hafen von Tórshavn ist voller Ruderboote

020fi-tt

H. N. **Jacobsens** (s. S. 32) wurde 1865 gegründet und ist eines der ältesten Geschäfte der Färöer. Vor dem dreiflügeligen Holzhaus mit Grasdach stehen knorrige, alte Ahornbäume – eine Besonderheit auf der sonst baumlosen Insel. Die Buchhandlung zog 1918 in die Schule ein und beherbergt heute auch das nette Café Paname (s. S. 31).

Gegenüber der Buchhandlung, auf der anderen Seite der zum Westhafen (Alten Hafen) ❸ abbiegenden Straße Mylnugøta, steht das **Rathaus.** Auch dieses 1894 aus grauem Basalt erbaute Gebäude war bis 1955 eine Schule. Hier gibt es an der Straßenseite eine **öffentliche Toilette.**

Am Nordostrand des Stadtplatzes Vaglið erstreckt sich vor dem **Parlamentsgebäude (Løgting)** ein kleiner **Park,** in dem die Büste des Dichters und Politikers Rasmus Christoffer Effersøe (1857–1916) steht, die 1933 von der dänischen Bildhauerin Anne Marie Carl-Nielsen (1863–1945) geschaffen wurde. Traditionell wird hier am **Nationalfeiertag am 29. Juli,** dem **St. Olavsfest** (s. S. 104), das Parlament mit einem Volksfest eröffnet.

Vom Stadtplatz geht es geradeaus auf der **Niels Finsens gøta** weiter. Im kleinen Laden des **Føroya Heimavirkisfelag** („Färöischer Heimarbeitsverein", s. S. 32) werden landestypische Wollwaren und andere Handarbeiten verkauft. Unmittelbar daneben kann man im **TUTL Musikshop** (s. S. 33) den Klängen färöischer und anderer nordischer Künstler lauschen und deren CDs erwerben. Etwas weiter präsentieren **Guðrun & Guðrun** (s. S. 32) ihre färöische Haute Couture.

In der Niels Finsens gøta sind Arbeiten färöischer Künstler ausgestellt. Den fröhlichen **Brunnen,** aus dem jedoch kein Wasser sprudelt, und die **Edelstahlskulptur** tanzender Kinder gestaltete Fridtjof Joensen (1920–

Routenverlauf im Stadtplan
Der hier beschriebene Spaziergang ist mit einer farbigen Linie im Stadtplan von Tórshavn (S. 145) eingezeichnet.

⌃ Im Restaurant Áarstova (s. S. 30) kann man herrlich speisen

› Kleiner Leuchtturm auf der Festung Skansin

KURZ & KNAPP

Dr. Niels Ryberg Finsen

Finsen wurde 1860 in Tórshavn geboren. Der Arzt erhielt 1903 den **Nobelpreis für Medizin.** Er entdeckte die heilsame Wirkung von Lichtstrahlen auf Hautkrankheiten und behandelte damit erfolgreich die bakterielle Hauttuberkulose. Finsen starb 1904 in Kopenhagen. An einer **Mauer** am südlichen Anfang des **Áarvegur,** wo Finsen als Kind seine Initialen in den Stein geritzt hatte, erinnert eine **Gedenktafel** an ihn.

1988) im Jahr 1985. Die Bronzeskulptur „Maður og Kona“ („Mann und Frau“) wurde 1971 von Janus Kamban (1913–2009) geschaffen.

Auch **Steinatún,** die zentrale Haltestelle der roten Stadtbusse, liegt in der Niels Finsens gøta. In dem Gebäude daneben befindet sich die Tourist-Info Visit Tórshavn (s. S. 29).

Die Straße führt geradeaus am Trachten- und Strickwarengeschäft **Marjun Heimá** (s. S. 32) vorbei weiter durch das Wohn- und Geschäftsviertel. An der Straßengabelung mit dem **Hoydalsvegur** steht im **Park des Sjónleikarhúsið,** einem historischen Theater- und Tanzsaal, die Büste des Dichters Hans Andrias Djurhuus (1883–1951). Man geht hier auf dem Hoydalsvegur rechts und kurz darauf links auf dem schmalen **Fußweg am Ufer des Bachs Havnará** in den nahen **Stadtpark Viðarlundin** 5. Wer möchte, macht auf dem Hoydalsvegur und der nach rechts abzweigenden Straße Oman Pisuvarða einen Abstecher zum 150 m entfernten **SMS-Einkaufszentrum** (s. S. 33).

1 Festung Skansin ★★ [S. 145]

Auf einem **Hügel über dem Osthafen** thront die Festung Skansin mit ihrem weiß-roten Leuchtturm. Sie wurde 1580 von **Magnus Heinason** (s. S. 20) erbaut, um den Handelsplatz vor den Überfällen durch Seeräuber zu schützen. Im Jahr 1677 konnte das kleine Fort jedoch einen Angriff **französischer Piraten** nicht abwehren und wurde von ihnen eingenommen. Die Freibeuter wollten eigentlich nach der Übergabe von Rindern, Schafen und warmer Kleidung wieder abziehen. Die Färinger konnten den Forderungen der Piraten aber nicht innerhalb der gesetzten Frist nachkommen, worauf diese das Fort zerstörten und

021fi-tt

Magnus Heinason, Nationalheld der Färöer

Magnus Heinason (1545–1589) war ursprünglich Pfarrer auf den Färöern. Anstatt zu predigen, befuhr er aber lieber als Kapitän eines Handelsschiffs die Route zwischen Bergen in Norwegen und den Färöern. Als sein Schiff unterwegs von Piraten geplündert wurde, gab er die Handelsschifffahrt auf und heuerte bei der Marine an. Der Kapitän wurde ein guter Freund des dänisch-norwegischen Königs Frederik II., der ihm 1579 als erstem Färinger den Monopolhandel (s. S. 111) übertrug. Nachdem Tórshavn im selben Jahr erneut von Piraten überfallen wurde, erhielt Heinason vom König einen Kaperbrief gegen englische Seeräuber und holländische Handelsschiffe, die gegen das Handelsmonopol verstießen. Von den Färöern aus bekämpfte Heinason die oft überlegenen Piraten mit List und jeder Menge Tricks.

Während Heinason sich um den Bau der Festung Skansin ❶ kümmerte, wurde ihm von seinem Rivalen Christoffer Valkendorff, dem königlichen Rentmeister und Statthalter von Norwegen und Island, vorgeworfen, den Monopolhandel vernachlässigt zu haben. Heinason wurde die Konzession entzogen und, schlimmer noch, er wurde wegen Unregelmäßigkeiten beim Monopolhandel angeklagt und einer Vergewaltigung bezichtigt. Heinason floh daraufhin nach Holland, wo ihm Moritz von Oranien einen neuen Kaperbrief ausstellte. Zwei Jahre später reiste Heinason nach Dänemark, wo er von seinem königlichen Freund begnadigt wurde.

Nachdem Frederik II. 1588 gestorben war, klagte sein Widersacher Heinason mit englischer Unterstützung der Piraterie an, woraufhin dieser zum Tode verurteilt und 1589 in Kopenhagen hingerichtet wurde. Heinasons Witwe bewirkte eine Wiederaufnahme des Verfahrens. Dabei stellte sich heraus, dass Heinason in Dänemark nicht wegen Piraterie hätte angeklagt werden dürfen. Posthum wurde er rehabilitiert und Valkendorff aller seiner Ämter enthoben. Magnus Heinason gilt vielen Färingern bis heute als Nationalheld. Das Färöische Meeresforschungsinstitut wurde nach ihm benannt.

den Ort plünderten. 100 Jahre später wurde erneut eine Festung erbaut, die 1808 in den Napoleonischen Kriegen von den Engländern zerstört wurde.

1865 wurde Skansin als Artilleriefestung in ihrer heutigen **Sternform** errichtet. Im **Zweiten Weltkrieg** nutzten die **Engländer** die Festung nach der Besetzung der Färöer als Hauptquartier, um die Inseln gegen einen möglichen deutschen Angriff zu verteidigen. Aus dieser Zeit stammen zwei der heute noch vorhandenen Kanonen, vier weitere gehen auf die Zeit des **Handelsmonopols** (s. S. 111) zurück. Heute bietet die **frei zugängliche** Festung einen **herrlichen Blick** auf Tórshavn und die vorgelagerte Insel Nólsoy ⓬.

❷ Tinganes ★★★ [S. 145]

Willkommen in der Altstadt von Tórshavn, die zugleich der älteste Teil und das Regierungsviertel der Stadt ist. Anders als in den meisten Hauptstädten der Welt geht es hier recht ruhig und beschaulich zu. Statt Kneipen und Bars findet man hier wunderschöne Holzhäuser und enge Gassen.

022fi-tt

Die 200 m lange und 80 m breite **felsige Halbinsel** erstreckt sich zwischen dem **Westhafen (Vestaravág)** 3 und dem 1927 ausgebauten **Osthafen (Eystaravág)**, an dem die Fähren anlegen und kleine Fischerboote vor sich hin dümpeln.

In Tinganes siedelten sich bereits im 9. Jh. die **Wikinger** an. Ab dem 13. Jh. ließen Kaufleute **Wohn- und Lagerhäuser** erbauen, die jedoch – bis auf zwei – 1673 durch ein Feuer zerstört wurden. Die Gebäude wurden nach dem Brand neu aufgebaut und weitere kamen hinzu, von denen die meisten erhalten geblieben sind. Einige der alten Bauten werden heute als **Regierungsgebäude** genutzt. Die **Gassen** zwischen den Häusern sind schmal; es fällt auf, dass hier weder Polizei noch Sicherheitsdienst das Regierungsviertel bewachen und man sich überall frei bewegen kann. Viele Häuser besitzen einen weiß getünchten Steinsockel und einen rotbraun angestrichenen **Holzaufbau** mit weißen Fensterrahmen. Auch mehrere schwarz gestrichene Gebäude kann man entdecken. Deren Holzfassade wird mithilfe eines Teeranstrichs vor der Witterung geschützt. Die meisten der kleineren Häuser sind mit einem **Grasdach** gedeckt, die größeren tragen ein Blechdach, das häufig grau oder grün angestrichen ist.

Tinganes erkundet man am besten **zu Fuß** vom Osthafen aus. Vom Platz **Kongabrúgvin** gelangt man auf das schmale Sträßchen **Gongin.** Hier befindet sich das Gourmetrestaurant ROKS (s. S. 31). Es ist in jenem Gebäude untergebracht, das nach dem großen Brand zwischen 1673 und 1709 als Amtssitz des Repräsentanten des dänischen Königs auf den Färöern, des *fúti,* erbaut wurde. Gongin war einst die Hauptstraße von Tórshavn. Die kleinen Holzhäuser entlang der Straße **Reyngøta** stammen meist aus dem 18. Jh. Viele dieser historischen Wohnhäuser haben einen kleinen Garten, Kinder spielen auf der Straße und gelegentlich picken frei laufende Hühner nach Körnern.

Typisch Tinganes: kleine Holzhäuser mit grasgedeckten Dächern

Am Ende der Straße steht das beeindruckende vierflügelige Pfarrhaus **Reynargarður** mit seinem gepflasterten Innenhof, dessen 1630 erbauter Südflügel ebenfalls den Brand von 1673 überstanden hat. Die anderen Flügel wurden im dänischen Stil neu erbaut. Gegenüber befindet sich das 1762 erbaute Wachhaus **Portugalið** mit seiner rotbraunen Fassade, dessen Untergeschoss als Gefängnis diente. In seiner Außenmauer sind das Monogramm König Christians V., die Jahreszahl 1693 und der Name Frederik von Gabel eingraviert. Gabel war Kaufmann und Vize-Statthalter der dänischen Krone.

In der südlichen Verlängerung der Straße stehen die beiden Häuser, die der Brand von 1673 verschont hat: **Munkastovan** – wörtlich übersetzt „Haus eines Mönchs" – ist ein flaches Steinhaus mit tief heruntergezogenem Grasdach, das sich baulich von den umliegenden jüngeren Häusern unterscheidet. Sein Baustil ähnelt dem im alten Kirkjubøur 14. Das im 13. Jh. erbaute Gebäude ist das **älteste Haus von Tórshavn.** In der Nachbarschaft steht das größere **Leigubúðin** (16. Jh.), das zweite Haus, das den Brand überstanden hat. In diesem Lagerhaus wurden früher die Abgaben der Färinger an die Krone und die Kirche aufbewahrt.

Das schwarz geteerte **Stokkastovan** ist ein altes Lagerhaus und ehemaliges Verwaltungsgebäude für die Durchsetzung des dänischen Handelsmonopols (s. S. 111) – es wurde nach 1693 errichtet. Im 1776 erbauten einstigen Lagerhaus **Bakkapakkhúsið** sind heute Büros der Landesregierung untergebracht. Die Eingangstür ist mit einem Widder, dem Wappentier der Färöer, verziert.

Das größte, exponiert an der Südspitze von Tinganes stehende Lagerhaus ist das rotbraun angestrichene **Skansapakkhúsið.** Es wurde 1749 an

023fi-tt

Im historischen Skansapakkhúsið residiert der Premierminister

024fi-tt

Lesepause in Tinganes

einer Stelle erbaut, an der einmal ein kleines Fort stand. Heute befinden sich darin die Büros des **Premierministers** und der Landesregierung. Der 1781 errichtete Anbau wird **Salurin** genannt. Er dient heute als Bibliothek und Sitzungssaal. Vor dem Haus weht die Nationalfahne der Färöer. Dahinter in Richtung Küste entdeckt man eine tellergroße **Sonnenuhr** aus der Wikingerzeit, die in einen Felsen gemeißelt wurde.

3 Westhafen (Vestaravág) ★★ [S. 145]

Der Westhafen, auch bekannt als **alter Hafen**, liegt westlich von Tinganes 2. Hier ankern Motorjachten und Segelboote und weiter westlich schließt sich der Industriehafen mit seinen Werften und Docks an. Am Ende des großen Parkplatzes in der Kurve der Straße Skálatrøð ist an einer Hausfassade eine Karte angebracht, auf der die Wracks der färöischen Schiffe eingezeichnet sind, die zwischen 1870 und 1993 vor den Färöern sanken.

Oberhalb des Hafens steht die **Havnar kirkja (Dómkirkjan)**, die Hafen- oder Stadtkirche, die auch als **Dom von Tórshavn** bezeichnet wird. Es handelt sich um die zweitälteste Kirche der Färöer. Die weiß getünchte Holzkirche mit dem großen Glockenturm wurde 1788 erbaut und 1865 erweitert. Bei diesem Umbau wurde der Turm erhöht, um Platz für die große Kirchenuhr zu schaffen. Im Innern hängt ein Modell der Norske Løve unter der Decke, ein Schiff der Dänischen Ostindien-Kompanie, das 1707 in einem Sturm vor Eysturoy 22 kenterte. Als Dank für ihre Rettung bauten die überlebenden Seeleute dieses Votivboot. Auch die Seefahrer, die 1686 nach dem Untergang ihres Schiffs Justitia gerettet wurden, machten der Kirche ein Geschenk: ein in Leder gebundenes und mit Ornamenten aus Silber verziertes Gottesdienstbuch. Das silberne Altarkreuz stammt aus dem Jahr 1713.

Auf einem Felssockel am Rand des Hafenbeckens steht die **Statue** des färöischen **Nationalhelden Nólsoyar Páll** (s. S. 24). Sie wurde 1995 von dem Bildhauer Hans Pauli Olsen aus Bronze gegossen. 150 m westlich befindet sich an der Kreuzung Gríms Kambansgøta/Bøgøta die 1870 erbaute ehemalige Schmiede **Smiðjan í Lítluvík**, ein kastenförmiges, schwarz getünchtes Holzhaus mit weißen Fensterrahmen. Aus der alten Schmiede wurde eine **Kunstgalerie**, in der färöische Künstler in wechselnden Ausstellungen ihre Werke präsentieren. Nördlich davon liegt zwischen der Doktor Jakobsens gøta und der Jóannesar Patursons gøta der **Alte Friedhof** 11 von Tórshavn. Hier kann man zwischen moosbewachsenen Grabsteinen und windgebeugten alten Bäumen verweilen und die Seele baumeln lassen.

025fi-tt

☒ *Beim Anblick der vielen Boote am Westhafen schmeckt ein Eis auch bei kühlem Wetter*

Nólsoyar Páll, Widerstandskämpfer und Nationalheld der Färöer

Fragt man die Färinger, wer ihr Nationalheld ist, nennen die meisten Nólsoyar Páll. **Poul Poulsen Nolsøe,** genannt Nólsoyar Páll, war seinerzeit der richtige Mann zur rechten Zeit. Er wurde am 11. Oktober 1766 auf der Insel Nólsoy 12 geboren. Zunächst fuhr Poul im Auftrag des dänischen Kaufmanns Niels Ryberg zur See. Ryberg betrieb in Tórshavn ein großes Transitlager für Waren, mit dem er Handelsbeschränkungen umgehen konnte. Zwanzig Jahre lang liefen Schiffe aus aller Welt die Färöer an und brachten den Inseln wirtschaftlichen Aufschwung. Pouls Reisen führten ihn u. a. nach Norwegen, Dänemark, England, Frankreich, Amerika und Westindien, wie die Mittel- und Südamerika vorgelagerten Inseln in der Südkaribik genannt werden.

1800 kehrte Poul Poulsen auf die Färöer zurück. Beharrlich und gegen viele Widerstände kämpfend, setzte er sich für den freien Zugang zu ausländischen Märkten ein, für eine freie Unternehmerschaft und die Weiterentwicklung des Landes weg von reiner Landwirtschaft und Fischfang.

Die Seefahrt ließ ihn nicht mehr los, er beschäftigte sich mit dem Schiffsbau und fuhr auch weiterhin zur See. Dabei erkannte er die Unzulänglichkeiten der färöischen Bootskonstruktionen und beseitigte diese, indem er den Kiel der Boote verlängerte, den Steven steiler stellte und die Geometrie des Segels optimierte. Dadurch wurden die färöischen Boote hochseetauglicher und konnten besser im Wind kreuzen. 1804 erwarb Poul ein vor Hvalba 53 auf Suðuroy 51 gestrandetes Schiff und baute es um. Dieser 14,5 m lange und 4,4 m breite Schoner Royndin Fríða („Schöner Versuch“) war das erste atlantiktaugliche färöische Schiff.

1805 brachte Poul den Impfstoff gegen die Pocken auf die Färöer – ein Segen für die immer wieder von Pockenepidemien heimgesuchten Insulaner.

Zum Nationalhelden wurde Poul Poulsen durch seinen Kampf für die Abschaffung des Handelsmonopols (s. S. 111) und für die Unabhängigkeit der Färöer. 1807 brachte er in Kopenhagen eine Petition zur Aufhebung des Monopols ein. Der gerade ausgebrochene englisch-dänische Krieg ließ sein Vorhaben jedoch scheitern. Dänemark hatte sich zuvor Frankreich angeschlossen und wurde dadurch in die Auseinandersetzungen Napoleons mit den europäischen Monarchien einbezogen. Eine englische Blockade verhinderte den Handel mit den Färöern. Bei dem Versuch, die Blockade während eines Orkans mit der Royndin Fríða zu durchbrechen und Getreide auf die Färöer zu bringen, ging das Schiff 1809 vor Sumba 57 unter und Poul kam ums Leben.

Der sprachgewandte Poul hatte seinen Kampf auch in Form von Gedichten geführt, indem er Schmählieder gegen den Monopolhandel verfasste. In seiner Ballade der Vögel namens „Fuglakvæðið“ prangerte er die Beamten des Monopols als gierige Raubvögel an, die die anderen Vögel des Landes ausbeuteten. Er besang darin auch den stets wachsamen und mit einem lauten Ruf vor Gefahr warnenden Austernfischer, der als Allegorie für Poul Poulsen selbst steht. Der Austernfischer wurde zu einem Symbol des Strebens nach Unabhängigkeit. Heute ist der schwarz-weiß gefiederte Vogel mit seinem auffallend roten Schnabel der Nationalvogel der Färöer.

Am **Hafenpier Undir Bryggjubakka** geht es hingegen quirliger zu. Hier laden kleine Cafés und Restaurants zur Einkehr ein. Besonders empfehlenswert ist das **Kaffihúsið** (s. S. 31).

- **Havnar kirkja** <001> geöffnet: Mai–Mitte Sept. tgl. 10–18 Uhr für Besichtigungen, Gottesdienst um 11 Uhr
- **Smiðjan í Lítluvík** <002> Gríms Kambansgøta 15. Aktuelle Ausstellungen und Öffnungszeiten können in der Touristeninformation (s. S. 29) erfragt werden.

❹ Kongaminnið (Andenken an den König) ★ [S. 145]

Auf einem **Hügel** östlich des Stadtzentrums neben der Straße Hoyvíksvegur wurde 1882 ein **Obelisk aus Basalt** errichtet, der an den ersten Besuch des dänischen Königs Christian IX. (1818–1906) auf den Färöern im Jahr 1874 erinnert. Von dem Hügel genießt man einen **herrlichen Ausblick** über Tórshavn und auf die Insel Nólsoy ⓬.

❺ Stadtpark Viðarlundin ★ [S. 145]

Am nördlichen Ende der Niels Finsens gøta beginnt der hügelige, 500 m lange und 300 m breite Park Viðarlundin, eine **grüne Insel** inmitten der Stadt. Im Zentrum des Parks liegen **zwei kleine Teiche.** An der Ostseite fließt der **Bach Havnará** entlang. Im Park und am Bach haben färöische Künstler **Skulpturen** aufgestellt.

Als der Park 1880 in der nahezu baumlosen Landschaft angelegt wurde, wollte man für die Bevölkerung einen schönen **Stadtwald** schaffen – deshalb pflanzte man viele Bäume und Sträucher. Doch der Stadtwald entwickelt sich bis heute nicht recht, da Stürme immer wieder Bäume entwurzeln und man deshalb ständig neue anpflanzen muss. Aus diesem Grund sind die meisten Bäume nur wenige Jahrzehnte alt; wegen des kalten Klimas und des kargen Bodens wachsen diese zudem nur sehr langsam. Trotzdem wurde der Wald zum Lebensraum von Vögeln wie Amsel, Rotdrossel und Türkentaube, die auf den Färöern selten sind.

An der höchsten Stelle in der Mitte des Parks erinnert ein **Denkmal** an die im Zweiten Weltkrieg gefallenen Seeleute. Am südlichen Parkeingang wurde anlässlich des hundertsten Geburtstags des Schriftstellers **William Heinesen** (s. u.) die **Bronzeskulptur**

KURZ & KNAPP

William Heinesen

Der **Schriftsteller und Maler** wurde am 15. Januar 1900 in Tórshavn geboren. Er verfasste Gedichte, Kurzgeschichten und Romane auf Dänisch, die er auch illustrierte. In seinen fantasievollen, manchmal die pure Lebensfreude ausdrückenden, manchmal satirischen Werken verknüpft er Themen aus den färöischen Sagas und der nordischen Mythologie mit dem Freiheitsstreben der Färinger. Mitte der 1950er-Jahre prangerte er mit **bissigen Karikaturen** historische Persönlichkeiten wie Politiker, Geschäftsleute und Geistliche wegen ihrer Unersättlichkeit und Heuchelei an. 1980 ernannte Tórshavn Heinesen zum **Ehrenbürger.** Der Künstler starb am 12. März 1991 in der färöischen Hauptstadt. Sein ehemaliges Wohnhaus steht westlich des Parks Viðarlundin ❺ in der Varðargøa 43. Da das Privathaus bewohnt ist, muss für eine Besichtigung vorab ein Termin vereinbart werden.

› **Williamshús** <003> Varðargøa 43, Besichtigungstermin über die Touristeninformation (s. S. 29)

026fi-tt

der Elfe Tarira** aufgestellt. Diese auf einer Illustration des Autors basierende Fantasiegestalt schuf der färöische Bildhauer Hans Pauli Olsen (geb. 1957). Tarira steht unweit des Hauses, in dem Heinesen einst wohnte. Nackt, schlank, mit ausgebreiteten Armen und gespreizten Fingern tanzt die Elfe auf ihrem Steinsockel. Sie verkörpert pure Lebensfreude. Dicke Striche im Sockel symbolisieren einen jungen Mann, der auf einer Geige spielt. Auf der anderen Seite ist der Sockel hohl und die Silhouette des Steins gleicht dem Profil Heinesens, aus dem die Elfe Tarira hervorzutanzen scheint.

Die Elfe Tarira tanzt anmutig im Stadtpark Viðarlundin (5)

(6) Listasavn Føroya (Nationalgalerie der Färöer) ★★ [E5]

Das Museum befindet sich am nördlichen Rand des Stadtparks Viðarlundin (5). Es besteht aus mehreren kleinen, **schwarz getünchten, spitzgiebeligen Häuschen**, die färöischen Bootshäusern nachempfunden wurden. Der älteste Teil stammt aus dem Jahr 1970, 1993 wurde das Museum mit einem neuen Gebäude nach Plänen des färöischen Architekten Palle Gregoriussen und des Dänen Niels Frithiof Truelsen erweitert.

Auf insgesamt 1600 m² Ausstellungsfläche werden Bilder, Grafiken, Glaskunst und Skulpturen überwiegend **färöischer Künstler** seit dem Jahr 1840 gezeigt. Die bedeutendsten Werke stammen von Sámal Joensen-Mikines (1906–1979), Ingálvur av Reyni (1920–2005), Ruth Smith (1913–1958), Steffan Danielsen (1922–1976), Tummas Arge (1942–1978), Elinborg Lützen (1919–1995), Zacharias Heinesen (geb. 1936), Tróndur Patursson (geb. 1944) und Sigrun Gunnarsdóttir (geb. 1950). Ein besonderes Kunstwerk ist der **„Whale-War“** des 1965 in Klaksvík geborenen Künstlers Edward Fuglø. Der Grindwal wurde 2019 aus 32.000 kleinen Spielzeugsoldaten modelliert. Mit dem Werk will Fuglø die Diskussion um den den färöischen Grindwalfang anregen.

Im **Park** sind **Skulpturen** von Hans Pauli Olsen und Janus Kamban (1913–2009) aufgestellt. Das ganze Jahr über gibt es **wechselnde Ausstellungen** färöischer Nachwuchskünstler.

› Gundadalsvegur 9, Tel. 223579, https://art.fo, geöffnet: Mai–Sept. tgl. 11–17, Okt.–April Do.–Mo. 11–16 Uhr, Eintritt: Erwachsene 90 kr, Kinder und Jugendliche bis 20 Jahre frei

7 Norðurlandahúsið (Nordisches Haus) ★★ [E5]

In exponierter Lage an der **nördlichen Ringstraße** (Norðari ringvegur) oberhalb von Tórshavn steht das Nordische Haus. Es wurde von den **Regierungen aller nordischen Länder** zur Förderung ihrer Kultur in vierjähriger Bauzeit errichtet und 1983 eröffnet. Die Gewinner des damals ausgeschriebenen Achitekturwettbewerbs, Ola Steen aus Norwegen und Kollbrún Ragnarsdóttir aus Island, verwendeten für den Innenausbau des repräsentativen Gebäudes **nur Materialien aus Skandinavien:** norwegischen Schiefer aus dem Gudbrandstal für die Lobby und die Korridore, schwedische Kiefer für die Parkettböden, dänisches Eschenholz für die Deckenverkleidung und finnische Birke für die Türen und die Möbelfurniere. Das Glas der Fenster und die Aluminiumverkleidung der Fassade stammen aus Dänemark. Für den Rohbau wurden Materialien von den Färöern verwendet.

Das Gebäude ist weithin sichtbar und anhand seines grünen, geschwungenen **Grasdachs** und seiner **markanten Glasfront** leicht erkennbar. Vor dem Haus zeigt die **Skulptur Seyðafylgi** weidende färöische Schafe, gefertigt aus verzinktem Stahl von dem Künstler Bernhard Lipsøe.

Der Festsaal des Hauses und weitere lichtdurchflutete Räumlichkeiten werden für Konzerte, Theater, Kino, Kongresse, Ausstellungen und viele andere **kulturelle Veranstaltungen** genutzt (nähere Infos s. Website). Das Gebäude selbst ist **frei zugänglich.** 2008 wurde das Haus mit einem Anbau erweitert. Im Nordischen Haus, das nicht zuletzt als **Forum für nordische Künstler** dient, ist eigentlich immer etwas los – und falls gerade doch nichts anliegt, lohnt sich ein Besuch allein schon wegen der ausgestellten **Kunstobjekte** und der **Aussicht** auf Tórshavn! Bei Regenwetter kann man im **Café** verweilen.

› 14 Norðari ringvegur, Tel. 351351, www.nlh.fo, geöffnet: Mo.–Fr. 9–17, Sa. 10–17 Uhr

Lichtdurchflutet: der Vortragssaal im Nordischen Haus

027fi-tt

8 Tjóðsavn (Nationalmuseum der Färöer) ★ [E5]

Das **Nationalmuseum für Kultur- und Naturgeschichte** befindet sich in **Hoyvík,** einem nördlichen Vorort von Tórshavn. Es umfasst die Ausstellung in der Straße Brekkutún 6 und das benachbarte **Freilichtmuseum Hoyvíksgarður** 9. Die Ausstellung dokumentiert die historischen Siedlungsplätze, zeigt **archäologische Funde,** Runen und Dokumente aus der Wikingerzeit, alte färöische Trachten und Gebrauchsgegenstände und informiert über die **Flora und Fauna** der Färöer. Von besonderer Bedeutung ist das im Original erhaltene historische **Kirchengestühl aus dem Magnusdom in Kirkjubøur** 14 (15. Jh.). In die hölzernen Stuhllehnen sind Apostel und Heilige geschnitzt. Auf der Rückseite von Olav dem Heiligen sind drei norwegische Kronen und ein Schaf zu sehen – es handelt sich um die älteste Darstellung eines färöischen Schafs. An einigen Stellen kann man auch erkennen, dass das Kirchengestühl ursprünglich bemalt war.

› Brekkutún 6, Hoyvík, Tel. 318076, www.tjodsavnid.fo, geöffnet: Mai–Sept. tgl. 10–17, Okt.–April Do.–So. 13–17 Uhr, Eintritt: Erwachsene 60 kr, Kinder bis 16 Jahre frei (Eintrittskarte gilt auch für das Freilichtmuseum Hoyvíksgarður 9)

9 Freilichtmuseum Hoyvíksgarður ★★★ [E5]

Der Hof mit seinen Nebengebäuden und seiner Originaleinrichtung zeigt eindrucksvoll, wie ein färöischer Großbauer und seine Familie früher lebten.

Das Freilichtmuseum, das zum **Kultur- und Naturgeschichtlichen Nationalmuseum** 8 gehört, entstand aus einem **mittelalterlichen Bauernhof,** der 1772 nach Hoyvík umgesiedelt und dort bis in die 1960er-Jahre bewirtschaftet wurde. Das Wohnhaus mit der *roykstova* (s. S. 40), der „guten Stube“, und dem angebauten bäuerlichen Altenteil blieb im Originalzustand von 1920 erhalten.

Ein größerer Teil des Bauernhofs mit über 300 Schafen, sieben Kühen und zwei Ruderbooten gehörte dem **dänischen König,** ein kleinerer mit 180 Schafen, fünf Kühen und einem Ruderboot dem Bauern. Der Bauer bewirtschaftete sowohl den Teil des Königs als auch seinen privaten.

› Kúrdalsvegur 16, oberhalb einer kleinen Bucht an der Küste von Hoyvík, www.tjodsavnid.fo, geöffnet: Mai–Sept. tgl. 10–17, Okt.–April Do.–So. 13–17 Uhr, Eintritt: Erwachsene 60 kr, Kinder bis 16 Jahre frei (Eintrittskarte gilt auch für das Nationalmuseum 8)

10 Føroya Sjósavn (Meeresmuseum) ★ [E5]

Das Meeresmuseum liegt im **südlichen Ortsteil Sandagerði** neben der Mündung des Flusses Sandá an der Küste. In mehreren **Aquarien** werden die über 200 verschiedenen Fischarten und andere Meerestiere gezeigt, die im Nordatlantik vorkommen.

› Rættargøta 1, Tel. 321020, https://sjosavn.net, geöffnet: Mitte Juni–August Di.–So. 14–17 Uhr, Sept.–Mitte Juni Sa./So. 14–17 Uhr, Eintritt: Erw. 40 kr, Kinder 5–14 Jahre 20 kr

11 Alter Friedhof (Gamli Kirkjugarður) ★★ [S. 145]

An der Abzweigung der Gríms Kambansgøta von der Doktara Jakobsens gøta liegt der von einer Mauer umschlossene **Alte Friedhof von Tórshavn.** Uralte Grabsteine, schmale

Wege, im Sommer viele blühende Pflanzen und schattige alte Bäume laden hier zum Spazieren und Verweilen ein. Eine grüne Insel mitten in der Stadt!

Infos und Reisetipps

■ **Touristeninformation Visit Tórshavn** <004> Niels Finsens gøta 17 (beim Busbahnhof Steinatún), Tel. 302425, https://visittorshavn.fo, geöffnet: Mo. 8–17, Di., Mi., Fr. 9–17, Do. 8–17.30, Sa. 10–16 Uhr. Im selben Gebäude gibt es auch eine Apotheke, ein Café und einen Souvenirshop.

› **Parken:** Am Westhafen 3 gibt es einen großen gebührenpflichtigen Parkplatz. Am Osthafen kann man auf dem Parkplatz neben der Havnargøta hinter Faroe Shipping 24 Std. lang kostenlos parken.

Unterkünfte

■ **62 °N Gästehaus City Center** €€ <005> Doktara Jakobsens gøta 8, www.62n.fo/hotel/en/guesthouse/guesthouse-city-center. 13 einfache Zimmer mit Dusche/WC und Gemeinschaftsküche. Der Reiseveranstalter 62 °N betreibt noch ein weiteres Gästehaus sowie ein Hotel:

› **62 °N Gästehaus Marknagil** €€ <006> Marknagilsvegur 75, www.62n.fo/hotel/en/guesthouse/guesthouse-marknagil, geöffnet: Ende Juni–Mitte Aug. Während der Sommerferien werden 50 einfach ausgestattete Doppelzimmer in zwei benachbarten Blöcken des Studentenwohnheims der Handelsschule vermietet. Jedes Zimmer hat ein Bad und es gibt eine Gemeinschaftsküche. 100 m sind es bis zur Bushaltestelle.

■ **62 °N Hotel City Center** €€€€ <007> Doktara Jakobsens gøta 14–16, Tel. 500600, www.62n.fo. Moderne Zimmer in der Nähe des Stadtzentrums, aber leider ohne Parkplatz.

› **Havgrím Sesaside Hotel** €€€€ <008> Yviri Við Strönd 14, Tel. 201400, www.hotelhavgrim.fo. Das luxuriöse Boutiquehotel liegt 400 m nordöstlich der Festung Skansin 1 an der Küste. Die Zimmer haben große Fenster mit Meerblick und sind komfortabel eingerichtet.

› **Hilton Garden Inn** €€€€ <009> Staravegur 13, Tel. 414000, www.hilton.com/en/hotels/faethgi-hilton-garden-inn-faroe-islands. Das moderne Luxushotel befindet sich am nordöstlichen Stadtrand an der Straße 10. In den skandinavisch eingerichteten Zimmern fühlt man sich wohl.

› **Hotel Brandan** €€€€ <010> Oknarvegur 2, Tel. 309200, www.hotelbrandan.com. Viersternehotel der Reederei Smyril Line in verkehrsgünstiger Lage in der Nähe des SMS-Einkaufszentrums (s. S. 33). Die Zimmer sind modern im skandinavischen Stil eingerichtet und verfügen über Fernseher, Schreibtisch und Minibar. Die Reederei vermittelt in der Nebensaison günstige Pauschalangebote mit Fährüberfahrt und Übernachtung (www.smyrilline.de). Das zugehörige Restaurant Húsagarður serviert gehobene färöische Küche und im Bistro an der Hotelbar gibt es kleine Gerichte.

› **Hotel Djurhuus** €€ <011> Yviri við Strond 19, Tel. 355500, https://hoteldjurhuus.fo. Das Hotel liegt 300 m nordöstlich der Festung Skansin 1. Es bietet preisgünstige Zimmer mit Dusche/WC.

› **Hotel Føroyar** €€€€ <012> Oyggjarvegur 45, westlich oberhalb der Stadt an der Straße 50 gelegen, Tel. 317500, https://hotelforoyar.fo. Von jedem der 200 Zimmer des modernen Hotels eröffnet sich eine herrliche Aussicht über die Stadt und den Hafen. Das große Hotel und sein 100 m entferntes Nebengebäude wurden im Stil der färöischen Grassodenhäuser erbaut. Im 1. Stock gibt es im Restaurant Ruts färöische Fischgerichte (geöffnet: Mi.–Sa. 18–21 Uhr), in der Lobby im EG bietet das Café & Bar 1933 neben Kuchen auch Deftiges wie Burger und Steaks an (geöffnet: tgl. von 11 bis 22 Uhr).

- **Hotel Hafnia** €€€€ <013> Áarvegur 8, in der Nähe von Osthafen und Tinganes, Tel. 313233, www.hotelhafnia.com. Das Hotel im Hochhaus prägt weithin sichtbar das Stadtbild. Die Zimmer sind modern eingerichtet und die Wände mit Bildern von den Färöern geschmückt. Im Hotel befinden sich das Restaurant Panorama mit gehobener färöischer Küche, das Bistro 1. Hædd mit empfehlenswerter färöisch-französischer Küche und im EG an der Straßenseite das Café Kaspar.
- **Hotel Tórshavn** €€€ <014> Tórsgøta 4, in der Nähe des Westhafens, Tel. 350000, https://hoteltorshavn.fo. Das Self-Check-in-Hotel bietet einfache Zimmer mit Dusche/WC und Ausblick auf die Stadt. Im 1. Stock befindet sich das asiatische Restaurant Hvonn, im EG die gleichnamige Cocktailbar (s. S. 34).
- › **Camping Tórshavn** € <015> Yviri við Strond, an der Küstenstraße Richtung Hoyvík am nordöstlichen Ortsrand, Tel. 302425, https://camping.fo/locations/location/101/torshavn, geöffnet: April–Mitte Okt., am letzten Juli-Wochenende während des St. Olavsfests meistens belegt und doppelt so teuer. Der einzige Campingplatz in Tórshavn ist relativ klein, aber mit neuen sanitären Anlagen, einer Küche und einem Aufenthaltsraum ausgestattet. Er bietet Stellplätze mit Stromanschluss für Wohnmobile und Parzellen für Zelte. Im Sommer ist er von So. bis Mi. oft belegt, da viele Islandreisende, die mit der Fähre Norröna ankommen, auf ihrem Zwischenstopp hier übernachten.

029fi-tt

Essen und Trinken

Kulinarische Gaumenfreuden

- **Áarstova** €€€€ <016> Gongin 1, am östlichen Rand von Tinganes, Tel. 333000, https://aarstova.fo/aarstova, geöffnet: Di.–So. 18–22 Uhr. Färöische Gourmetküche (nur Menüs) im Geburtshaus der Dichterbrüder Janus und Hans Andrias Djurhuus aus dem 17. Jh.
- **Barbara Fish House** €€€ <017> Gongin 4–6, am östlichen Rand von Tinganes, Tel. 331010, https://barbara.fo/barbara, geöffnet: Mo.–Sa. 18–22 Uhr. Das historische Haus in Tinganes 2 hat sich auf Fischgerichte spezialisiert. Der Schriftsteller Jørgen Franz Jacobsen machte das Haus bekannt, denn dort wohnte seine Romanfigur Barbara.
- **Restaurant Katrina Christiansen** €€€€ <018> Bringsnagøta 6, Tel. 313243, https://en.katrina.fo, geöffnet: Mo.–Do. 18–21, Fr., Sa. 17–22, So. 12–15 und 17.30–21.30 Uhr. Spezialität des Restaurants sind erlesene Menüs aus färöischen Meeresfrüchten und Rind- sowie Lammfleisch, die wie spanische Tapas serviert werden. Das 1707 erbaute Haus beherbergte einen Barbierladen und andere Geschäfte, bis es 1901 von Zacharias und Carolina Jakobina Heinesen übernommen wurde, den Eltern des Schriftstellers William Heinesen (s. S. 25). Als Kleinkind hat William in dem Haus seine Spuren hinterlassen: Beim Zündeln entfachte er einen Brand, von dem heute noch verkohltes Holz zu sehen ist. Katrina Christiansen arbeitete für die Familie Heinesen und übernahm später deren Geschäft.

Das Restaurant Barbara Fish House ist die ideale Adresse für Fischliebhaber

- **ROKS** €€€€ <019> Gongin 5, Tel. 411300, www.roks.fo, geöffnet: Di.–So. ab 18 Uhr. Küchenchef Mantas Vaidelis führt die Tradition des Gourmetrestaurants KOKS (s. S. 11) fort, ein außergewöhnliches färöisches Geschmackserlebnis zu bieten. Das Restaurant befindet sich im historischen Haus des *fúti*, des Repräsentanten des dänischen Königs auf den Färöern.
- **Ræst fermented** €€€€ <020> Gongin 8, Tel. 411430, https://raest.fo, geöffnet: Mi.–Sa. ab 18 Uhr. Auch dieses Restaurant wurde von den Inhabern des KOKS (s. S. 11) übernommen. Im historischen Ambiente eines alten Torfhauses pflegt Küchenchef Sebastian Jiménez die färöische Tradition der Fermentierung und Reifung, mit der er seinen Speisen besondere Aromen verleiht.

Gute Cafés und Restaurants

- **Bitin** € <021> Niels Finsens gøta 12, Tel. 411000, https://bbitin.fo, geöffnet: Mo.–Sa. 11.30–20 Uhr. Das Bistro hat sich auf skandinavische Sandwiches spezialisiert, die reichhaltig belegt sind.
- › **Café Paname** €, im Haus der Jacobsens Buchhandlung (s. S. 32), geöffnet: Mo.–Fr. 9–23, Sa. 10–23, So. 11–18 Uhr. In dem bei Einheimischen und Touristen beliebten Café gibt es leckeren Kuchen und kleine Gerichte.
- **Etika (1)** €€ <022> Áarvegur 3, Tel. 319319, www.etika.fo, geöffnet: Di.–Sa. 11.30–22, So., Mo. 17–22 Uhr. Das erste japanische Sushi-Restaurant in Tórshavn liegt gegenüber vom Hotel Hafnia (s. S. 30). Auffallend ist die große, lichtdurchflutete Fensterfront zum Áarvegur hin, die daran erinnert, dass in dem Haus früher ein Blumengeschäft ansässig war. Hier verschmilzt die japanische mit der färöischen Küche, sodass außer Sushi auch Fischgerichte und Lamm auf der Speisekarte stehen. Das Restaurant ist ökologisch orientiert und spendet den

028fi-tt

Erlös aus dem Verkauf von Wasser für Umweltprojekte. Weitere Filiale:
- › **Etika (2)** €€ <023> Sundsvegur 6, geöffnet: Di.–Sa. 11.30–20, So. 17–20 Uhr
- **Kaffihúsið** € <024> Undir Bryggjubakka 14, am Westhafen, Tel. 358787, https://kaffihusid.fo, geöffnet: Mo.–Sa. 9–18, So. 12–18 Uhr, Juni–Aug. bis 21 Uhr. In dem netten Café werden kleine färöische Gerichte, Menüs und schmackhafte Kuchen aufgetischt. Vom Café gibt es einen Durchgang zur Krambúð, einem kleinen Laden, in dem färöische Kunst, hausgemachte Marmelade, Kaffee und mehr verkauft werden. Umgeben von allerlei Krimskrams, kann man hier, in einer gemütlichen Ecke sitzend, auch seinen Kaffee oder Tee trinken und in alten Büchern stöbern.
- **Kafé Umami** € <025> Undir Bryggjubakka 19, Tel. 284747, geöffnet: Mo.–Fr. 10–18, Sa. 10.30–18 Uhr. Kuchen und kleine Gerichte.

Vorfreude auf ein typisch färöisches Menü: schön gedeckter Tisch im Restaurant Áarstova

- **Matstovan Seven** € <026> Jónas Broncksgøta 31, Tel. 323565, geöffnet: tgl. 9–18 Uhr. Das chinesische Restaurant ist vor allem wegen seines preisgünstigen Mittagsbuffets empfehlenswert.
- **Restaurant Toscana** €€-€€€ <027> Nólsoyar Páls gøta 13, Tel. 311109, geöffnet: So.–Do. 17–23, Fr., Sa. 17–24 Uhr. Das kleine italienische Lokal ist recht gefragt und am Wochenende oft belegt (frühzeitige Tischreservierung empfohlen!). Es gibt Pasta, Steaks, Fisch und keine Pizza.
- **Sentrum Pizzeria** €€ <028> Sverrisgøta 9, Tel. 321103, geöffnet: Mo.–Mi. 16–0.30, Do., So. 16–1, Fr., Sa. 16–6 Uhr. Eine der besten Pizzerien in Tórshavn. Neben Pizza gibt es deftige Burger.

Einkaufen

- › **Bónus Tórshavn (1)** <029> Hoyvíksvegur 67, geöffnet: Mo.–Sa. 9–22 Uhr. Discounter mit breitem Angebot an Lebensmitteln. Weitere Filiale:
- › **Bónus Tórshavn (2)** <030> Janusargøta 10
- **Buchhandlung H. N. Jacobsens** <031> Vaglið 2, Tel. 311036, www.bokhandil.fo, geöffnet: Mo.–Mi. 9–17.30, Do., Fr. 9–18, Sa. 9–16 Uhr. In der größten Buchhandlung der Färöer kann man in einem reichhaltigen Sortiment an Büchern stöbern und bekommt Reiseführer sowie Bildbände in anderen Sprachen. Außerdem gibt es Schreibwaren und Souvenirs.
- **Føroya Heimavirkisfelag** <032> Niels Finsens gøta 7, Tel. 522686, geöffnet: Mo.–Fr. 10–17.30, Sa. 10–14 Uhr. Seit über 30 Jahren ist dies die Verkaufsstelle färöischer Handarbeiten wie Pullover, Handschuhe, Mützen, Schals, Messer, Spazierstöcke, Glaskunst und mehr, die von den etwa 130 Mitgliedern des Vereins in Heimarbeit angefertigt werden.
- **Guðrun & Guðrun** <033> Niels Finsens gøta 13, Tel. 315166, www.gudrungudrun.com, geöffnet: Mo.–Fr. 10–18, Sa. 10–16 Uhr. 2002 gründeten die Modedesignerin Guðrun Ludvig, die mehrere Jahre in einer der angesehensten Kopenhagener Designerboutiquen gearbeitet hat, und die Wirtschaftswissenschaftlerin Guðrun Rógvadóttir, die die Wolle und Felle färöischer Schafe vermarkten wollte, das Modelabel Guðrun & Guðrun. Durch die Beteiligung einer internationalen Investmentgesellschaft konnte das Label schnell international erfolgreich vermarktet werden. Ludvig entwirft die neuen Modelle, während sich Rógvadóttir um das Geschäftliche kümmert. Die hochwertige Mode für Damen, Herren und Kinder besteht aus Naturmaterialien und zurückhaltenden Farben.
- **Marjun Heimá** <034> Niels Finsens gøta 14, Tel. 312531, geöffnet: Mo.–Fr. 10–17.30, Sa. 10–16 Uhr. Seit 1959 verkauft Marjun Heimá färöische Trachten und alles, was man zum Nähen braucht.
- **Öström** <035> Skálatrøð 18 (beim alten Hafen), Tel. 260560, geöffnet: Mo.–Fr. 10–17.30, Sa. 10–16 Uhr. Färöische und andere nordische Künstler präsentieren und verkaufen hier ihre Werke, wie

030fi-tt

Bei Føroya Heimavirkisfelag gibt es u. a. selbst gestrickte Handschuhe

Mikkalina Nordberg ihre wunderschön bunten Glaskunstwerke oder Shisa Brand ihre Wollwaren. Die Kanadierin Catherine Lazure-Guinard, Gründerin von Nordic Design (https://nordicdesign.ca), betreibt Öström und fördert damit auch die lokalen Künstler.

■ **SMS-Einkaufszentrum** <036> R. C. Effersøes gøta 31, Tel. 341900, www.sms.fo, geöffnet: Mo.–Sa. 10–18 Uhr. Das Einkaufszentrum liegt südöstlich vom Stadtpark Viðarlundin. Es ist die größte Shoppingmall der Färöer. Hier findet man Bekleidungs- und Schuhgeschäfte, eine Buchhandlung, eine Bank mit Geldautomat, eine Apotheke (s. S. 124), Geschäfte für Elektro- und Haushaltswaren, Sportläden, den größten Supermarkt des Landes und mehrere Schnellrestaurants. Letztere haben tgl. bis 21 Uhr geöffnet (auch So. 14–21 Uhr). Zur Weihnachtszeit gibt es für Kinder im Foyer eine große Ausstellung mit bewegten Figuren, die Weihnachten auf den Färöern darstellen: Der Weihnachtsmann kommt mit dem Schiff an, angelt Fische und ein Schafstrio spielt Weihnachtslieder.

■ **Snældan** <037> Niels Finsens gøta 18, Tel. 357154, https://snaldan.fo, geöffnet: Mo.–Fr. 10–17.30, Sa. 10–16 Uhr. Geschäft der färöischen Wollwarenmarke Snældan.

■ **TUTL Musikshop** <038> Niels Finsens gøta 9 c, Tel. 314504, www.tutlrecords.com, geöffnet: Mo.–Fr. 12–17.30, Sa. 12–16 Uhr. TUTL Records wurde 1977 von färöischen Musikern und Komponisten unter Federführung von Kristian Blak gegründet und ist heute das bekannteste Musiklabel der Inseln. TUTL fördert junge Künstler aus Nordeuropa und veranstaltet Musikevents, u. a. im Sommer Livekonzerte mit Nachwuchsmusikern.

Alkoholverkauf (Rúsdrekkasøla)

› **Föroya Bjór** <039> Akranesgøta 10, geöffnet: Mo.–Fr. 10–17, Sa. 10–14 Uhr

› **Okkara (1)** <040> Heykavegur 1, geöffnet: Mo.–Mi. 14–18, Do. 10–18, Fr. 10–19, Sa. 10–16 Uhr

› **Okkara (2)** <041> Karlamagnusarbreyt 22, Hoyvík, geöffnet: Mo.–Mi. 14–18, Do. 10–18, Fr. 10–19, Sa. 10–16 Uhr

› **OY Brewery** <042> Falkavegur 4, www.oy.fo, geöffnet: Mo.–Do. 12–17.30, Fr. 10–19, Sa. 10–16 Uhr. Mikrobrauerei mit Shop und zugehörigem Brewpub (s. S. 34).

› **Rúsdrekkasøla** <043> Hoyvíksvegur 67, geöffnet: Mo.–Fr. 10–17.30, Sa. 10–14 Uhr

Nachtleben

Das Nachtleben in Tórshavn findet hauptsächlich freitags sowie samstags statt und ist im Grunde zweigeteilt: Auf der einen Seite gehen viele Färinger gerne in **einfache Pubs**, um in Gesellschaft mit anderen ein Bier zu trinken. Auf der anderen Seite stehen **Clubs und Diskotheken**, in denen man tanzen, Billard spielen oder in

031fi-tt

⊡ *In dem historischen schwarzen Holzhaus befindet sich das Gourmetrestaurant ROKS (s. S. 31), gegenüber gibt es im Pub Essabarr Tórshavn (s. S. 34) Livemusik*

einer Sitzecke mit anderen plaudern kann. Das Nachtleben wird nicht von der Schickeria geprägt und ähnelt eher einer heimischen Privatparty.

Pubs, Kneipen und Bars

- **Essabarr Tórshavn** € <044> Áarvegur 7, Tel. 312625, geöffnet: Mi., Do. 19–24, Fr., Sa. 17–4 Uhr. Der beliebte Pub am Hafen ist ein Treffpunkt der Musikerszene mit Livemusik am Wochenende.
- › **Hvonn,** Tórsgøta 4, im EG des Hotels Tórshavn (s. S. 30), geöffnet: Di.–Do., So. 17–24, Fr., Sa. 17–2 Uhr. Für Freunde von thailändischem Bier, asiatischen Snacks und Cocktails. Hier trifft man Menschen aus aller Herren Länder. Die Bar ist auch in der LGBT-Szene beliebt.
- **Irish Pub** <045> Gríms Kambansgøta 13, Tel. 319091, https://irishpub.fo, geöffnet: Mo.–Do. 11.30–22, Fr. 11.30–4, Sa. 13–4, So. 15–22 Uhr. In dem nüchternen Geschäftshaus wirkt der Pub von außen zwar nicht gerade einladend, aber drinnen kommt durchaus typisch irische Pub-Stimmung auf. Zu den zahlreichen Biersorten, die ausgeschenkt werden, bekommt man auch kleine Gerichte, z. B. Fish & Chips, Burger oder Gegrilltes. Am Wochenende gibt es Livemusik. Im selben Haus residiert die Sportbar Glitnir, die ihren Gästen Karaoke und Dart anbietet (geöffnet: Mo.–Mi. 11.30–23, Do. 11.30–23.45, Fr. 11.30–3.45, Sa. 12–3.45, So. 13–23 Uhr).
- **Mikkeller** <046> Gongin 2, Tel. 411500, https://mikkeller.fo/mikkeller, geöffnet: Mi.–Do. 18–24, Fr. 17–3, Sa. 16–3 Uhr. Im historischen Ambiente eines 500 Jahre alten Holzhauses in Tinganes hat die dänische Mikrobrauerei Mikkeller einen Pub eröffnet, in dem 16 verschiedene Biere aus aller Welt ausgeschenkt werden.
- › **OY Brewpub** in der OY Brewery (s. S. 33), geöffnet: Mi., Do. 12–22, Fr., Sa. 12–24 Uhr. In dem Brewpub der Mikrobrauerei bekommt man nicht nur färöisches Bier, sondern kann auch etwas Gegrilltes essen.
- **Sirkus Føroyar** <047> Gríms Kambansgøta 2, Tel. 323135, geöffnet: Mo., Mi., So. 17–23.45, Di., Do.,17–24, Fr., Sa. 17–3.45 Uhr. Ein Treffpunkt junger Leute und der LGBT-Szene. Am Wochenende Livemusik färöischer Nachwuchsbands.

Clubs und Discos

- **Basecamp** <048> Tórsgøta 13, geöffnet: Fr., Sa. 22–4 Uhr. Nightclub und Disco.
- **Bassalt** <049> Tórsgøta 11, geöffnet: Fr., Sa. 23–4 Uhr. Ein Treffpunkt junger Leute (Ü20) mit Disco.
- **Loca** <050> Sverrisgøta 15, geöffnet: Fr., Sa. 17–3.45 Uhr. Mexikanische Cocktails, thailändisches Essen und am späten Samstagabend Livemusik.
- **Taboo** <051> Sverrisgøta 12, geöffnet: Fr., Sa. 23–4, So. 11–24 Uhr. Nightclub und Disco, samstags Livemusik.

12 Insel Nólsoy ★★ [E5]

Die **Fähre Ternan** (s. S. 35) fährt mehrmals täglich vom Fährhafen in Tórshavn auf die vorgelagerte, 10,3 km² große Insel Nólsoy, die sich im Rahmen eines **Halbtages- oder Tagesausflugs** erkunden lässt. Die etwa 220 Einwohner leben fast alle im Dorf; der Rest der 9 km langen und bis zu 2 km breiten Insel ist unbewohnt. Zum **Leuchtturm Kapilin** führt eine Wanderung (s. S. 36).

Auf Nólsoy befindet sich die **größte Sturmschwalbenkolonie der Welt.** Man kann die Vögel nur nachts beobachten, wenn sie vom Meer zurück zu ihren Bruthöhlen kommen. Der aus Dänemark stammende Vogelkundler und Tierpräparator **Jens-Kjeld Jensen** führt im Sommer **Nachtexkursionen** zu den Schwalben durch und auch die **Werkstatt** des Tierpräpara-

032fl-tt

tors in seinem gelb getünchten Haus am nordwestlichen Ortsrand kann besichtigt werden (Mitte Juni–Ende August, Anmeldung in der Touristeninformation Visit Nólsoy, s. S. 36).

Die 1863 erbaute **Kirche** von Nólsoy ist eine der ältesten Gewölbekirchen der Färöer. Westlich davon erinnert eine **Gedenkstätte** an den auf Nólsoy geborenen färöischen Nationalhelden **Nólsoyar Páll** (s. S. 24).

Nördlich des Hafens steht das **Húsini við brunn (Haus am Brunnen)**, ein ehemaliges Bauernhaus mit einer *roykstova* (Rauchstube, s. S. 40), das heute ein Museum ist. Am Hafen, von dem man durch zwei torförmig aufgestellte **Walknochen** in den Ort gelangt, werden neben der **Touristeninformation** im **Heimavirkið**, einem ehemaligen Dorfladen aus dem Jahr 1902, lokales Kunsthandwerk und Wollwaren verkauft.

Beim Sportplatz am östlichen Ortsrand können alte **Fischtrockenschuppen** besichtigt werden. Im Korndalur noch ein Stück weiter südlich stehen Ruinen ehemaliger Behausungen aus dem 14. Jh. **(Prinssutoftir)**. Nach einer Sage sollen hier eine schottische Prinzessin und ihr Liebhaber Zuflucht gefunden haben, die vor dem Vater und König geflohen waren, weil die Prinzessin ein nicht standesgemäßes Kind erwartete.

› **Húsini við brunn (Haus am Brunnen)** <052> beim Hafen, geöffnet: auf Anfrage in der Touristeninformation, Eintritt: 30 kr. Das Haus am Brunnen ist ein ehemaliges Bauernhaus, in dem früher die Besucher der Insel übernachten konnten. Es wurde ursprünglich Mitte des 17. Jh. aus Treibholz erbaut und im 19. Jh. erweitert. Dafür wurde das Holz (Pommersche Kiefer) eines 1828 bei Saksun gestrandeten Schiffs verwendet. In der 1858 erbauten Küche steht der erste auf den Färöern eingesetzte Herd aus Eisen, die „Kochmaschine".

Infos und Reisetipps

› **Fährverbindung:** Die Autofähre „Ternan" fährt mehrmals am Tag zwischen 6.35 (Mo.–Fr.), 7.45 (Sa.) bzw. 9.30 (So.) und 22 Uhr vom Osthafen in Tórshavn nach Nólsoy und zurück. Die Überfahrt dauert etwa 30 Minuten (www.ssl.fo/en/time

⌃ *Die bunten Häuser und die weiße Kirche von Nólsoy stehen auf einer schmalen Landzunge*

Wanderung zum Leuchtturm von Kapilin

Der Leuchtturm von Kapilin steht an der Südostspitze der Insel Nólsoy (12). Die **Touristeninformation** (s. unten) bietet **geführte Wanderungen** und **Bootsausflüge** zu dem Leuchtturm an. Die hier skizzierte **anspruchsvolle Wanderung** ist hin und zurück etwa 18 km lang, sodass man schon **einen ganzen Tag** dafür einplanen sollte.

Hinter dem Dorf Nólsoy führt der Weg durch das **Korndalur** an den **Ruinen von Prinssutoftir** vorbei und steigt dann steil auf den 371 m hohen **Berg Eggjaklettur** an. Kleine Steinmännchen leiten den Wanderer. Danach verläuft der stellenweise morastige Pfad über die grasbewachsene **Hochebene von Langabrekka.** Immer wieder bietet sich dabei eine spektakuläre Aussicht. Nach dem **See Halavatn** führt der Weg bergab zur **Küste.**

Der 14 m hohe, weiß getünchte **Leuchtturm** mit seinem roten Spitzdach wurde 1893 erbaut. Sein Prisma, welches das Licht bündelt, sodass es aus 30 km Entfernung sichtbar ist, zählt mit einem Durchmesser von 2,82 m zu einem der größten der Welt. Es wiegt vier Tonnen.

Die umliegenden **Langhäuser** wurden im Zweiten Weltkrieg von den Briten erbaut, um hier einen bewohnten Ort vorzutäuschen und den Gegner in die Irre zu führen. Nach dem Krieg war dieser abgelegene Ort eine Zeit lang bewohnt, weshalb es hier auch eine Anlegestelle (Stallurin) für Boote gibt. Vor der Küste ragt der **Felsen Kapilin** 24 m aus dem Meer empor. 2 km südwestlich steht bei Borðan an der Südspitze von Nólsoy ein weiterer, 5 m hoher Leuchtturm aus dem Jahr 1900.

table/ferry/90-torshavn-nolsoy). Fahrpreis: Erwachsene 40 kr, Kinder (7–15 Jahre) 20 kr, Pkw mit Fahrer 160 kr. Man bezahlt bei den Fähren nur für die Rückfahrt zur Hauptinsel, die Hinfahrt nach Nólsoy ist kostenlos.

› **Touristeninformation Visit Nólsoy** <053> im Pakkhúsið am Hafen, Tel. 527060, https://nolsoy.fo/en, geöffnet: Mai–Aug. tgl. 10–17 Uhr. Die Touristeninfo, ein Café und das färöische Ruderboot Diana Victoria befinden sich in Petersens Lagerhaus *(pakkhúsið hjá Petersen)* aus dem Jahr 1787. In der 4 m langen Diana Victoria ruderte Ove Joensen, begleitet von einer kleinen Katze, im Juli/Aug. 1986 von den Färöern in 41 Tagen 900 Seemeilen über den stürmischen Atlantik nach Kopenhagen. Im darauffolgenden Jahr kam Joensen kurz vor seinem 40. Geburtstag durch einen Unfall auf hoher See ums Leben. Er rutschte auf seinem Boot aus und stürzte ins eiskalte Meer. Anfang Aug. erinnert der Ruderwettbewerb „Ovastevna“ an ihn und seine Überfahrt.

Unterkünfte

› **Campingplatz Nólsoy** € <054> Nähe Supermarkt Matvørubúðin am Malarendarvegur, geöffnet: Juni–August. Kleiner Platz für Zelte und ein paar Stellplätze für Wohnmobile.

› **Gästezimmer** vermittelt die Tourist-Info.

Essen und Trinken

› **Hjá Maud** €€€€ <055> Á Mýrini, Tel. 288606, https://maud.fo/en. Im 1930 erbauten Haus ihrer Großeltern kocht Maud für ihre Gäste nach Voranmeldung ein Dreigängemenü nach typisch färöischen Rezepten.

› **Maggies Café** € <056> Válagøta 26, Tel. 327199, www.maggies.fo, geöffnet: Juni–Aug. Mo.–Do. 13–19, Fr., Sa. 13–21, So. 13–20 Uhr, Sept.–Mai nur Fr.–So. Maggies Café ist ein beliebter Treffpunkt von Einheimischen und Touristen. Hier gibt es Fish & Chips, Burger und Pizza. Abends verwandelt sich das Café in einen Pub, in dem mehrmals im Monat Konzerte veranstaltet werden.

Die Hauptinseln Streymoy und Eysturoy

Streymoy 13 ist mit einer Fläche von 374 km² die größte Insel der Färöer. Seit 1976 verbindet eine **Brücke**, die an der schmalsten Stelle den hier nur 400 m breiten **Sundini** überspannt, Streymoy mit der 286 km² großen **Nachbarinsel Eysturoy** 22.

Auf beiden Inseln verlaufen landschaftlich reizvolle Touristenstraßen, die als **Buttercup routes** (s. S. 118) beschildert sind: Auf Streymoy zählen dazu der Oyggjarvegur nördlich von Tórshavn, die Straße durch das Saksunertal nach Saksun 19 und die Küstenstraße nach Tjørnuvík 21. Auf Euysturoy verbinden sie die Dörfer im Inselnorden, im Süden führt eine solche Touristenstraße von Runavík nach Æðuvík 30.

13 Insel Streymoy ★★★ [C3]

Auf Streymoy leben rund 26.000 Menschen. Davon wohnen ca. 23.000 im Gebiet der **Hauptstadt Tórshavn**, die im Süden der Insel liegt. Außerhalb der Hauptstadt ist Streymoy nur dünn besiedelt, große Gebiete im Landesinnern sind unbewohnt. Der höchste Berg ist der 789 m hohe **Kopsenni** im Nordwesten der Insel. **Benannt** wurde Streymoy nach der starken Strömung im Sundini, die bis zu 12 Knoten beträgt. Je nach den Gezeiten ändert diese Strömung ihre Richtung. Die **wichtigsten Orte** sind Kirkjubøur 14 ganz im Südwesten (80 Einwohner), Vestmanna 17 im Westen (1250 Einwohner) und Kollafjørður 15 an der Ostküste (820 Einwohner).

Von Tórshavn führen zwei Straßen nach Norden bis nach **Kollafjørður** am gleichnamigen Fjord: im Landesinnern die 20 km lange **Straße 50**, die **Oyggjarvegur** genannt wird, und an der Ostküste die 16 km lange **Straße 10**, eine **Küstenstraße**, deren letzte 5 km durch einen Tunnel verlaufen. Der Oyggjarvegur ist eine landschaftlich außergewöhnlich schöne Panoramastraße, die oberhalb des Hotels Føroyar (s. S. 29) in Tórshavn beginnt und durch das unbewohnte zentrale Hochland der Insel verläuft. Leider liegt diese Straße allzu oft unter einer dichten Nebelschicht. Bei gutem Wetter genießt man jedoch immer wieder eine herrliche Aussicht auf schroffe Gebirgskämme und in tiefe Fjordtäler.

Nach etwa zwei Dritteln der Strecke zweigt oberhalb vom Kollafjørður ein schmales, kurvenreiches Bergsträßchen nach Westen auf den 749 m hohen **Sornfelli** [D4] ab. Unterhalb der stillgelegten, nicht zugänglichen Radaranlage schwenkt die Straße nach rechts und endet ein Stück weiter auf einem Hochplateau an einem kleinen Parkplatz. Nach wenigen Metern zu Fuß erreicht man einen der **spektakulärsten Aussichtspunkte** der Färöer: In Richtung Westen sieht man hinter steilen Bergkämmen die Insel Vágar 31, in Richtung Norden die archaisch anmutende Gebirgsland-

100fi-tt

schaft von Streymoy oberhalb des Tals Kollafjarðardalur und in Richtung Nordwesten den tief ins Gebirge eingeschnittenen Kollafjørður.

Wählt man die kürzere **Küstenstraße 10**, verlässt man Tórshavn über Hoyvík und Hvítanes [E4/5] und fährt bis zum Tunnel an der **Ostküste** entlang. Bei Hvítanes verbindet seit 2020 der 11 km lange **Eysturoy-Tunnel** (Eysturoyartunnilin) die Insel Streymoy mit der Südost- und Südwestküste des Skálafjørður auf der Insel Eysturoy 22. Die Fahrtzeit von Tórshavn nach Runavík 30 verkürzt sich dadurch von 64 auf 16 Minuten. Auch der Weg nach Klaksvík 38 wird durch den Tunnel deutlich kürzer.

Der Y-förmige Tunnel ist etwas Besonderes, denn 72,6 m **unter dem Meer** gibt es einen kunstvoll gestalteten **Kreisverkehr,** an dem sich die zweispurige Fahrbahn verzweigt. Die farbigen Beleuchtungsinstallationen und die Skulpturen aus Corten-Stahl in der Mitte des Kreisverkehrs, die einen färöischen Ringtanz darstellen, gestaltete der Bildhauer Tróndur Patursson. Während der Durchfahrt erklingt im Autoradio auf UKW 97 eine Komposition von Jens L. Thomsen mit Geräuschen vom Tunnelbau.

Der Kreisverkehr im Eysturoy-Tunnel ist ein Kunstwerk

14 Kirkjubøur ★★★ [E5]

In Kirkjubøur stehen die älteste Dorfkirche der Färöer, das älteste noch bewohnte Holzhaus Europas und die mächtige Ruine des Magnusdoms.

Im Mittelalter war das südwestlich von Tórshavn am Hestfjørður gelegene Kirkjubøur das **kirchliche und kulturelle Zentrum der Färöer.** Bis zur Reformation im Jahr 1538 war der Ort auch Bischofssitz, weshalb hier eine Kathedrale gebaut wurde. Von Tórshavn führen **zwei Wege** nach Kirkjubøur: eine Straße (Nr. 12 und 57) und ein Wanderweg, der zu einer wunderschönen, zweistündigen **Wanderung** über die Berge einlädt (s. Wanderung 1 auf S. 90).

Drei Gebäude bestimmen heute das Ortsbild von Kirkjubøur, deren Umgebung von Landwirtschaft und stattlichen Bauernhöfen geprägt ist. Die weiß getünchte **St.-Olavs-Kirche** wurde ursprünglich 1111 erbaut. Sie ist die älteste Dorfkirche der Färöer. Um ein Absinken ins Meer zu verhindern, wurde sie 1874 umgebaut und erhielt ihre heutige Form. Wer sich die Kirche von außen genau ansieht, kann an der Nordseite eine Öffnung in der Mauer erkennen, durch die man in den Altarraum blickt. Durch dieses **Hagioskop** konnten Leprakranke den Gottesdienst früher von draußen mitverfolgen. Sámal Joensen-Mikines malte das **Altarbild**, das Fischer auf rauer See in ihrem Ruderboot darstellt, in intensiven blau-violetten Farbtönen. Bei Ausgrabungen fanden Archäologen in den 1950er-Jahren in einem Grab unter dem Kirchenboden einen vergoldeten **Bischofsstab**, der sich heute im Nationalmuseum 8 im Tórshavner Vorort Hoyvík befindet. Neben dem Altar ist eine Replik des Bischofsstabs ausgestellt.

Etwas höher und weiter landeinwärts steht die Ruine der gotischen **St.-Magnus-Kathedrale,** die wegen ihrer Größe auch als **Magnusdom** bezeichnet wird. Sie wurde nach **Magnus Erlendsson,** dem 1115 zu Unrecht hingerichteten **Earl of Orkney,** benannt. 1898 wurde Magnus von Papst Leo XIII. heiliggesprochen. Wegen ihrer mächtigen, 1,50 m dicken Mauern aus grauem Basalt wird die 25,50 m lange, 10,80 m breite und 9 m hohe fenster- und dachlose Ruine von den Färingern auch schlicht **Múrurin** („Mauer") genannt. Mit dem Bau der Kathedrale wurde zur Zeit des färöischen **Bischofs Erlendur** (1269–1308) um das Jahr 1300 begonnen. Erlendur gilt als bedeutendster Bischof der Inseln im Mittelalter. Wegen der hohen Abgaben, die er von den Bewohnern verlangte, war er jedoch nicht besonders beliebt. Es kam zu Unruhen und er musste von den Färöern fliehen. Es ist nicht klar, ob die Kathedrale jemals vollständig fertig und überdacht war. Historiker

Stattliche Grassoden-Holzhäuser in Kirkjubøur

034fi-tt

KURZ & KNAPP

Was ist eine roykstova?

Der Name *roykstova* **(Rauchstube)** rührt daher, dass es in den alten Langhäusern der Wikinger einen **großen Raum in der Mitte** gab, der mit einem **offenen Feuer** beheizt wurde. Durch eine Öffnung im Dach konnte der Rauch abziehen und ein wenig Sonnenlicht das Dunkel erhellen. Die Wikinger versammelten sich um das Feuer zum Wollespinnen und anderen Handarbeiten, zum Kochen, Essen, Trinken, Geschichtenerzählen, Tanzen und Relaxen. Auch zum Schlafen diente die *roykstova:* Hierzu gab es in die Seitenwände eingelassene **Alkoven (Schrankbetten).** Die *roykstova* war somit der **„Gemeinschaftsraum“** der Wikinger, in dem es warm und heimelig war.

nehmen an, dass die Aufstände und auch die Pest, die Mitte des 14. Jh. ein Drittel der Bevölkerung dahinraffte, zur Einstellung der Arbeiten führte und der Bau unvollendet blieb. 1772 zerstörte eine Lawine einen Teil der Kathedrale und ein Treppenhaus,

035fi-tt

das sich möglicherweise in einem Turm befand. Auffallend ist, dass die heutige Ruine **keinen Kirchturm** besitzt. Ob ein solcher überhaupt vorhanden war oder durch die Lawine zerstört wurde, bleibt unbeantwortet. Im Innern der Ruine kann man in den Mauern sechs von ehemals zwölf eingemeißelten Malteserkreuzen entdecken, außerdem Fresken und Köpfe. Bei Ausgrabungen fand man eine aus Holz geschnitzte **Marienstatue** aus dem 13. Jh., die – ebenso wie das mit Aposteln und Heiligen verzierte Kirchengestühl aus dem frühen 15. Jh. – im Nationalmuseum zu bewundern ist.

Gegenüber vom Magnusdom befindet sich der große **Königsbauernhof,** ein mit Grassoden (eine Art Rollrasen) gedecktes, prachtvolles Wohnhaus aus dem 12. Jh. Seine Holzfassade ist mit einem schwarzen Teeranstrich vor der Witterung geschützt und die Fensterrahmen leuchten in einem intensiven Rot. Der Königsbauernhof mit seiner *roykstova* (Rauchstube, s. links) gilt als ältestes noch bewohntes Holzhaus Europas. Ursprünglich soll das Haus am **norwegischen Sognefjord** gestanden haben, wo es abgebaut und in Kirkjubøur auf den bis zu 2 m dicken, gemauerten Fundamenten des einstigen Wohnhauses der Bischöfe neu aufgebaut wurde. Der Name Königsbauernhof rührt daher, dass hier der norwegische **König Sverre** (1151–1202) als unehelicher Sohn seiner Mutter Gunnhild geboren und aufgezogen wurde, die mit einem Bruder des färöischen Bischofs Roes liiert und von Norwegen nach Kirkjubøur geflohen war. Seit dem 16. Jh. befindet sich der ehemalige Königsbauernhof im Besitz der **Familie Patursson.** Die zur Zeit des Dombaus aus Treibholz errichtete *stokkastova* (Blockstube) ist der älteste Teil des Hauses. Von hier führt eine schmale Holztreppe zu einem Zimmer im Dachgeschoss, dem Arbeitszimmer der früheren Bischöfe. An einer Außentür der *stokkastova* ist eine in Blau und Rot bemalte, holzgeschnitzte Säule mit einem schwarzen Schlangenmotiv sehenswert. Auch andere Außentüren sind mit solchen bemalten **Schnitzereien** verziert, die Jóannes Patursson 1907 anfertigte. In der *roykstova* wurde ein kleines **Volkskundemuseum** eingerichtet, das eine Kochstelle und Arbeitsgeräte der Wikinger zeigt sowie deren Lebensverhältnisse anschaulich darstellt.

Nordwestlich von Kirkjubøur liegt der kleine **Fährhafen von Gamlarætt,** von dem Fähren auf die Inseln **Hestur** [D5] und **Sandoy** 45 fahren. 2023 soll hier der 10,8 km lange Straßentunnel Sandoyartunnilin fertiggestellt werden, weshalb die Fährverbindung nach Sandoy vermutlich eingestellt wird.

› **Königsbauernhof (Kirkjubøargarður)** <057> *roykstova* und *stokkastova* geöffnet: Mai–Aug. Mo.–Sa. 9–17, So. 14–17 Uhr, Eintritt: 50 kr
› **Magnusdom (Múrurin)** <058> frei zugänglich
› **St.-Olavs-Kirche (Ólavskirkjan)** <059> geöffnet: tgl. 10–18 Uhr, jeden ersten So. im Monat findet um 11 Uhr ein Gottesdienst statt

15 Kollafjørður ★ [D4]

Kollafjørður ist das **längste Dorf** auf den Färöern. Das Straßendorf liegt am **gleichnamigen Fjord** und erstreckt sich über 8 km Länge entlang der Hauptstraße 10. Der Ort hat einen **kleinen Fischereihafen,** seine Bewohner arbeiten in fischverarbeitenden und anderen kleinen Industriebetrieben. Touristische Sehenswürdigkeit ist die schwarz getünchte **Holzkirche** aus dem Jahr 1837 mit dem grünen Grasdach. Bekannt wurde das Dorf durch den Dichter und Bauer **Jens Christian Djurhuus** (1773–1853), der hier geboren wurde. Im Januar 1985 wurde in Kollafjørður der erste Bankraub auf den Färöern verübt. Die beiden Täter konnten unerkannt fliehen. Später wurde einer der Bankräuber beim „Geldausgeben“ gefasst.

◁ Ein Schlangenmotiv ziert die bemalte Säule am Königsbauernhof

16 Leynar und Kvívík ★ [C4]

Von Kollafjørður 15 am nördlichen Ende des Oyggjarvegur (Straße 50) bzw. von der Küstenstraße 10 führt die **Straße 11** durch das Tal Kollfjarðardalur nach Leynar und am Leynarvatn vorbei geht es auf der **Straße 21** weiter nach Kvívík.

Am östlichen Ufer des Sees führt ein 2 km langer **Fußweg** in nördlicher Richtung durch das landschaftlich ansprechende Tal des Dala-Bachs in die vegetationsreiche **Schlucht Stóragjógv.** Westlich des Sees zweigt der mautpflichtige Unterseetunnel ab (Straße 11), der nach Vágar 31 führt.

Die **Bucht von Leynar** gilt als **Zentrum des Grindwalfangs** (s. S. 42).

Hinter Leynar führt die **Straße 21** weiter nach **Kvívík.** Das pittoreske Dorf mit seinen 385 Einwohnern, der kleinen, weiß getünchten Kirche und dem von einer Natursteinmauer umschlossenen Friedhof ist eine der **ältesten Siedlungen** auf den Färöern. Dicht an dicht stehen hier die **kleinen, bunten Holzhäuschen** an beiden Ufern des Bachs Stórá. In der Nähe der Kirche sind die Mauerreste von zwei großen Langhäusern der Wikinger aus dem 10./11. Jh. erkennbar. In der

Kirche hielt **Venceslaus Ulricus Hammershaimb** (s. S. 58), der Schöpfer der modernen färöischen Schriftsprache, 1855 die Neujahrsmesse erstmals in färöischer Sprache und nicht wie bislang üblich auf Dänisch.

17 Vestmanna ★ [C4]

Die **Straße 21** endet 13 km westlich von Kvívík 16 in Vestmanna. Hier wird mit mehreren **Stauseen** der größte Teil des elektrischen Stroms für die Hauptstadt und die Inseln der Färöer erzeugt. Die etwa 1250 Einwohner des **zweitgrößten Ortes auf Streymoy** 13 leben überwiegend vom Fischfang und vom Tourismus, denn von Vestmanna aus werden in den Sommermonaten **Bootsausflüge** zu den nahen Vogelklippen und in die eindrucksvollen Brandungshöhlen angeboten (s. S. 44).

Neben der Anlegestelle der Touristenboote am Jachthafen befindet sich im Haus des **Vestmanna Tourist Centre** das **Saga-Museum**, das einzige Wachsfigurenkabinett der Färöer, das unterhaltsam die Geschichte der Inseln darstellt. Wer Hunger hat, kann im selben Haus im **Restaurant**

Grindadráp – Grindwalfang auf den Färöern

Der Grindwal (Globicephala melas) ist ein Säugetier und gehört zur Familie der Delfine. Erwachsene männliche Tiere können mehr als 6 m lang und 2,3 t schwer werden, weibliche Exemplare sind etwas kleiner und deutlich leichter. Bei der Geburt sind Grindwale bereits 1,70 m lang und 75 kg schwer. Sie werden ganze 40 Monate lang gesäugt und können über 50 Jahre alt werden.

Auf den Färöern hat der Fang von Grindwalen eine lange Tradition. Früher sicherte das Walfleisch der Bevölkerung das Überleben. Mit ihm deckten die Färinger einen Großteil ihres Fleischbedarfs. Das Fleisch der erlegten Wale wurde nach festgelegten Regeln an die Walfänger und an die Bevölkerung verteilt. Im Durchschnitt bekam jeder Färinger 20 kg Fleisch und 10 kg Walspeck.

Doch die Zeiten haben sich geändert und heute ist niemand mehr auf das Walfleisch angewiesen. Auch wegen der Giftstoffe im Fleisch hat der Walfang seine Bedeutung für die Nahrungsbeschaffung gänzlich verloren. Das Fleisch der Wale ist hoch mit giftigem Quecksilber, krebserregendem PCB (polychlorierte Biphenyle) und Pestiziden belastet – so stark, dass die Gesundheitsbehörde der Färöer 2008 die Empfehlung aussprach, kein Walfleisch und keinen Walspeck mehr zu essen. Dennoch haben die Färinger das blutige Ritual des Grindwalfangs bis heute beibehalten, es ist nach wie vor ein der Tradition geschuldetes, soziales Ereignis. Es bleibt zu hoffen, dass der Grindwalfang in Zukunft endlich aufgegeben wird, zumal immer mehr jüngere Färinger dem Abschlachten der Wale inzwischen kritisch gegenüberstehen.

Doch wie läuft der Grindwalfang auf den Färöern ab? Die Treibjagd ist eine ausgesprochen blutige Angelegenheit, bei der sich das Meer in den 23 für den Walfang zugelassenen Buchten blutrot färbt. Diese Buchten zeichnen sich dadurch aus, dass sie besonders flach sind. In Leynar 15 und Tórshavn befinden sich die beiden wichtigsten. Weitere Walfangbuchten gibt es bei Hvalvík 18, Tjørnuvík 21 und Vestmanna 17 auf Streymoy 13, in Sandavágur

Fjørukrógvín eine leckere Fischsuppe und andere färöische Spezialitäten probieren.

Infos und Reisetipps

› **Vestmanna Tourist Centre mit Saga-Museum** <060> Fjarðarvegur 2, am Jachthafen, Tel. 471500 (Souvenirshop), www.visit-vestmanna.com/ven, geöffnet: April–Sept. tgl. 9–17 Uhr, Museumseintritt: Erw. 90 kr, Kinder 75 kr. Das sehenswerte Museum erzählt mit Audioguides die Geschichte der Färöer von der Wikingerzeit bis ins ausgehende 16. Jh. auf ungewöhnliche Weise in historisch begründeten, mitunter gruseligen und abenteuerlichen Geschichten. Die Protagonisten der Färingersaga (s. S. 110) werden als Wachsfiguren in Lebensgröße dargestellt. Auch ein Piratenüberfall, ein Schafsdieb, der gerade gehängt wird, Zauberer und Hexen werden gezeigt. Lichteffekte, Klänge und Düfte unterlegen dabei die Geschichten.

Unterkunft

› **Vestmanna Camping** € <061> Fjarðavegur 1, Tel. 212245, www.vestmannacamping.com, geöffnet: Mai–Aug., Sept.–April nur für Dauercamper. Der in

und Miðvágur 32 auf Vágar 31, bei Klaksvík 38 auf den Nordinseln sowie in Sandur 47, Húsavík 49, Hvalba 53, Fámjin 54 und Vágur 55 auf den Südinseln, um nur einige zu nennen. Sobald eine Gruppe von Grindwalen in der Nähe der Küste gesichtet wird, machen sich die Färinger in wendigen Motorbooten auf und treiben die Tiere in Richtung Strand. Dort werden die kleinen Wale von Hand erlegt. Mit einem Stecheisen wird ihnen durch das Rückenmark gestochen und die Hauptschlagader durchschnitten, sodass die Tiere ausbluten.

Diese Form der Fleischproduktion ohne Schlachthaus reicht bis ins Jahr 1584 zurück und ist seit 1709 mit der Anzahl erlegter Tiere durchgängig dokumentiert. Die Jagd auf Grindwale, der sogenannte Grindadráp, ist somit die älteste Jagdstatistik der Welt. Wurden in den 1980er-Jahren noch jährlich bis zu 3000 Wale getötet, schrumpfte die Zahl auf 1104 Tiere im Jahr 2013 und auf 527 Tiere im Jahr 2022. Die Färinger argumentieren, dass es im Nordatlantik 380.000 Grindwale gibt und in den Gewässern um die Färöer etwa 100.000 Tiere vorkommen. Werden davon einige Hundert im Jahr erlegt, sei dies als nachhaltiger Walfang zu bewerten.

Viele Walfanggegner boykottieren die Färöer aus Protest. Aber ist dies der richtige Weg? Aggressives Auftreten, Konfrontation und verbale Gewalt von Außenstehenden stoppen den legalen Grindwalfang nicht. Deshalb ist Zusammenarbeit auf Augenhöhe der beste Weg, die Färinger zum Umdenken zu bewegen und dem Walfang in möglichst nicht allzu ferner Zukunft ein Ende zu setzen. Besucher der Färöer können ihren Beitrag dazu leisten: Je mehr Touristen auf die Inseln kommen und die „sanften Riesen“ in ihrem natürlichen Lebensraum beobachten wollen, desto wichtiger werden Ökotourismus und naturkundliche Exkursionen (vielleicht sogar mit Whale Watching, s. S. 129) für die Färinger auch in wirtschaftlicher Hinsicht – und letztlich sind sie außerdem weitaus nachhaltiger als der Walfang.

› **Infos:** www.whaling.fo

036fi-tt

Ruderboot vor Vestmanna 17

der Nähe des Vestmanna Tourist Centre angelegte, windgeschützte Campingplatz verfügt über 100 Stellplätze für Wohnmobile und Wohnwagen und eine kleine Wiese für 10 Zelte.

Essen und Trinken

- **Fjørukrógvín** €€, im selben Haus wie das Vestmanna Tourist Centre, Tel. 471500, geöffnet: April–Sept. tgl. 9–17 Uhr. Im einzigen Restaurant des Ortes gibt es täglich ein Mittagsbuffet, leckere Steaks und Fischgerichte.

Einkaufen

- **Krambúðin** <062> Bakkavegur 23, neben der Kirche am Industriehafen gelegen, Tel. 424210, geöffnet: Mai–Aug. Mo.–Sa. 14–17 Uhr. In dem kleinen Handarbeitsladen mit nettem Café (selbst gebackener Kuchen) werden handgestrickte Wollwaren und andere färöische Souvenirs verkauft.

Bootsfahrt zu den Vogelklippen und Brandungshöhlen bei Vestmanna und nach Mykines

Das **Touristikunternehmen Sjóferðir Skúvadal** bietet im Sommer mehrmals täglich ab Vestmanna 17 Ausflugsfahrten mit kleinen Motorbooten an die Steilküste nördlich des Ortes an.

Vor allem der Besuch in einer der großen **Brandungshöhlen** hinterlässt einen bleibenden Eindruck, denn wenn das Boot langsam tuckernd in das Dunkel der Höhle einfährt, fühlt man sich in eine andere Welt versetzt: Geräusche klingen anders als gewohnt; jeder Ton, das von den Felsen tropfende Wasser und die Wellen vervielfachen sich durch das Echo; die feuchte, kühle Luft schmeckt intensiv nach Salz und das Licht zaubert surrealistische Stimmungen. Manchmal geben mitfahrende Musiker in den Höhlen ein kleines Konzert.

- **Fahrtdauer:** ca. 2 Std.
- **Fahrpreis:** Erw. 398 kr, Kinder 2–13 Jahre 165 kr.
- **Mykines** 36: Von Mitte Juni bis Ende Juli werden Di. und Sa. erweiterte Tagestouren angeboten, die zu den Brandungshöhlen und weiter zur Vogelinsel Mykines führen. Dort hat man 2½ Std. Aufenthalt. Fahrpreis: Erwachsene 1198 kr, Kinder 2–13 Jahre 450 kr.
- **Sjóferðir Skúvadal,** im Vestmanna Tourist Centre (s. S. 43), Tel. 471500, www.puffin.fo

18 Við Áir und Hvalvík ★ [D3]

An der Meerenge Sundini führt die Straße 10 vor Hvalvík an der **ehemaligen Walfangstation Við Áir** vorbei. Sie war von 1905 bis 1984 in Betrieb, jährlich wurden hier bis zu 4500 Wale verarbeitet. Heute ist die historische Walfangstation ein Industriedenkmal. Die laufenden Restaurierungsarbeiten sollen bis 2025 abgeschlossen sein, die Anlage kann aber in der Sommersaison bereits besucht werden. Infotafeln präsentieren die Geschichte der Walfangstation.

In **Hvalvík** ist die **älteste grasgedeckte Holzkirche der Färöer** sehenswert (geöffnet während des Gottesdienstes am Sonntag um 11 Uhr). Sie wurde 1829 von dem färöischen Holzkirchenbaumeister Joen Michelsen aus dem Kiefernholz eines Schiffs gebaut, das ein Jahr zuvor bei Saksun 19 gestrandet war. Die **holzgeschnitzte Kanzel** ist jedoch viel älter. Sie stammt aus dem Jahr 1609 und wurde aus der damaligen Kirche von Tórshavn zum Schutz vor Piratenangriffen hierher in Sicherheit gebracht. An einigen Stellen sind im Holz Beschädigungen zu erkennen, die von den damaligen Säbelschlägen der Piraten stammen sollen. Das kostbare **Altarbild** schuf der dänische Maler Carl Heinrich Bloch (1834–1890).

› **Walfangstation Við Áir,** geöffnet: Mitte Juni–Mitte Aug. Sa., So. 10–17 Uhr, Eintritt: Erwachsene 60 kr, Kinder bis 16 Jahre frei

19 Saksun ★★★ [C3]

Saksun ist einer der touristisch schönsten und interessantesten Orte der Färöer. Oberhalb einer Lagune in einem Talkessel gelegen, scheint hier die Zeit stillzustehen. Wenige Häuser, der historische Taubenhof, heute ein Freilichtmuseum, ein hoher Wasserfall und eine kleine Kirche prägen den geheimnisvoll anmutenden Ort.

Kurz vor Saksun befindet sich der bei **Anglern** beliebte **See Saksunarvatn.** Einen Angelschein bekommt man in der Tankstelle am Fjord Kollafjørður und in der Touristeninformation in Tórshavn (s. S. 29). Die Straße endet kurz danach oberhalb der Lagune in Saksun. Etwa 10 Bewohner leben hier. Doch an manchen Tagen im Sommer kommen **Scharen von Touristen** in diesen abgelegenen und landschaftlich äußerst pittoresken Ort. Das führte zu **Problemen mit den Landeigentümern,** denn das Land und die kleine Kirche befinden sich in Privatbesitz. Die Eigentümer reagierten, indem sie vor dem Ort einen Parkplatz mit Toiletten anlegten, Drohnenflüge verboten, die Kirche verschlossen und für die Wanderung zur Lagune eine Gebühr von 75 kr verlangen.

037fi-tt

☒ *Gotteshaus in malerischer Landschaft: Kirche und Friedhof von Saksun*

Am Fuße einer steilen Bergwand, über die sich ein mehrstufiger **Wasserfall** ergießt, stehen nur wenige Häuser. Diese gehören zum **Freilichtmuseum Dúvugarðar** 20. Unterhalb davon steht an exponierter Stelle hoch über der Bucht die kleine, weiß getünchte **Steinkirche** aus dem 19. Jh.

Die von hohen Felswänden umrahmte **Lagune** (**Pollurin**) war früher ein Naturhafen. Heute ist die Lagune versandet. Sie entstand durch einen Tsunami im Nordatlantik, der den Sand aufschüttete. In die Lagune mündet der Bach Gellingará, in dem Lachse schwimmen, die aus dem Meer in den Saksunarvatn-See wandern, um dort zu laichen. Auf der Westseite des Bachs führt ein bei Nässe rutschiger, grasbewachsener **Pfad** hinunter zur Lagune. Bei Ebbe kann man dann weiter bis zur Küste gehen. Saksun ist Ausgangspunkt der Wanderung 2 (s. S. 92).

20 Freilichtmuseum Dúvugarðar ★★★ [C3]

Wenn man im alten Dúvugarðar, dem Taubenhof, die engen Gänge und niedrigen Räume erkundet, kann man sich leicht vorstellen, wie die Menschen hier vor 200 Jahren bis zum Beginn des 20. Jh. lebten.

Der Hof gehörte einem für damalige Verhältnisse wohlhabenden **Bauern und Schafzüchter.** Das typisch färöische Wohnhaus wurde aus Feldsteinen erbaut und mit einem Dach aus Birkenrinde und Grassoden gedeckt. Die **„roykstova“** (Rauchstube, s. S. 40) ist der älteste Raum des Hauses. In seiner heutigen Form stammt er aus dem Jahr 1820. Daran schließt sich die **„glasstova“ (Glasstube)** an, der einzige Raum, der ein Fenster hatte und vom Tageslicht erhellt wurde. Hier schlief der Bauer mit seiner Frau und wenn Gäste zu Besuch waren, setzte man sich in dieser „guten Stube“ zusammen, um sich miteinander zu unterhalten. Die *glasstova* wurde mit einem Ofen beheizt, der durch eine Öffnung in der Wand mit Glut von der Feuerstelle in der *roykstova* geschürt werden konnte.

Als die neue Kirche von Saksun entstand, wurde Mitte des 19. Jh. auf der Nordseite des Taubenhofs ein **Gästezimmer** angebaut. In diesem wohnte der Pfarrer aus Kvívík 16, der hier predigte. Seitdem wird dieser Raum **„praestestova“ (Pfarrstube)** genannt. Da die *roykstova* für die vielen Gäste nicht mehr ausreichte, wurde der Hof mit einer Küche erweitert, deren Wärme auch zum Beheizen der anderen Räume genutzt wurde. In den Räumen sind frühere **Gebrauchsgegenstände** wie Löffel und Kämme aus Horn ausgestellt. Schafswolle wurde in einer wasserdichten Tasche aufbewahrt, die aus dem Magen eines Wals gefertigt war.

Die **Außenanlagen** bestehen aus Vorratsschuppen, den *hjallar* für Fleisch und Fisch, einer Scheune, einer Schmiede und einem kleinen **Garten.** Darin wurde vor allem Sauerampfer angebaut, der früher als Salat, Gemüse und Heilpflanze von großer Bedeutung war.

Der Bach, der den **Wasserfall** bildet, versorgte den Bauernhof durch einen Kanal mit Wasser. Mitte des 19. Jh. wurde hier auch eine Mühle betrieben. In der Nähe des Bachs befindet sich die *barkulla,* die Gerberkuhle, in der die Wurzelknollen der Blutwurz zermahlen wurden, um damit Leder und Häute zu gerben.

› Saksunarvegur 31, Tel. 594455, geöffnet: Mitte Juni–Aug. tgl. 14–17 Uhr, Eintritt: Erw. 50 kr, Kinder unter 16 Jahren frei, kleines Museumscafé

038fi-tt

21 Haldarsvík und Tjørnuvík ★ [C2]

Von der Sundbrücke verläuft die schmale **Straße 54** als landschaftlich schöne **Buttercup route** (s. S. 118) an der **Meerenge Sundini** entlang. Auf der Höhe des lang gezogenen Straßendorfes Langasandur befinden sich Fischfarmen im Sund. Danach stürzt die **Fossá** [C3] neben der Straße in zwei Stufen über die 140 m hohen Felswände hinab. Dies ist der **höchste Wasserfall der Färöer.**

Fährt man auf der Straße weiter, gelangt man in das schmucke Fischerdorf **Haldarsvík** (auch **Haldórsvík** genannt). Hier steht das **einzige achteckige Gotteshaus der Färöer.** Die weiß getünchte Steinkirche wurde 1856 erbaut. Das moderne Altarbild malte der färöische Porträtmaler Torbjørn Olsen (geb. 1956). Es stellt das letzte Abendmahl mit den zwölf Aposteln dar, welche die Gesichtszüge bekannter zeitgenössischer Färinger tragen. Um den Hafen gruppieren sich kleine, bunte Häuser. Nördlich des Ortes hat der **Bach Kluftá** eine tiefe Schlucht mit Wasserfällen geschaffen, die sich gut im Rahmen einer **Wanderung** erkunden lassen (s. Wanderung 2 auf S. 92).

Die Straße 54 endet fünf Kilometer weiter in **Tjørnuvík.** Das **malerische Dorf** liegt am Ende eines eiszeitlichen Gletschertals. Auf drei Seiten ist es von hohen Bergen umgeben, von denen kleine Wasserfälle herabstürzen. Auf der Ostseite öffnet sich die windgeschützte Bucht zum Meer. Dieser kleine Ort zieht **Surfer** aus aller Welt an, die hier im Nordatlantik wellenreiten wollen. Auf terrassenförmig angelegten Feldern werden Kartoffeln und Gemüse angebaut sowie Heu geerntet. Von Tjørnuvík hat

Zeugen der Vergangenheit: die grasgedeckten Häuser im Freilichtmuseum Dúvugarðar

KURZ & KNAPP

Der Riese und sein Trollweib

Um die beiden Felsen **Risin og Kellingin** [C2] rankt sich eine **Sage.** Einst soll ein Riese mit seiner Trollfrau Island verlassen haben, weil es dort nichts mehr zum Essen gab. Auf den Färöern fanden die beiden Nahrung. Da Riesen und Trolle bekanntlich nur so vor Kraft strotzen, wollten sie die einsam im Meer gelegenen Färöer-Inseln nach Island ziehen. Dies konnte nur in der Nacht erfolgen, denn Sonnenlicht lässt die Sagengestalten versteinern. Bei ihrer anstrengenden Arbeit vergaßen sie jedoch die Zeit, wurden von der aufgehenden Sonne überrascht und erstarrten zu den beiden markanten Felsen vor Tjørnuvík 21.

man einen guten Blick auf die beiden 71 m und 69 m hohen **Basaltfelsen Risin og Kellingin** („Der Riese und sein Trollweib“, s. o.), die auf der anderen Seite der Bucht vor der Steilküste des Kaps Kollur im Nordwesten von Eysturoy 22 im Meer stehen.

Im Sommer finden nach Voranmeldung in der Touristeninformation in Tórshavn (s. S. 29) **geführte fünfstündige Wanderungen** von Tjørnuvík zum **Felsen Tjørnuvíksstakkur** [C2] an der Nordküste statt. Auf dieser frei im Meer stehenden 134 m hohen Felsklippe weiden Schafe. Diese werden mit einer Handwinde in einer offenen Gondel vom Festland über den schmalen Felsspalt gezogen und auf dem grasbewachsenen Felsplateau ausgesetzt.

22 Insel Eysturoy ★★ [D2]

Eysturoy ist mit einer Fläche von 286 km² und 12.400 Einwohnern die **zweitgrößte Insel der Färöer.** Durch die **Sundbrücke** und den neuen Tunnel (s. S. 38) ist Eysturoy mit Streymoy 13 und der Hauptstadt Tórshavn verbunden.

Mit seinen **66 Gipfeln** ist Eysturoy ausgesprochen bergig. Der 882 m hohe **Slættaratindur** ist der **höchste Berg** sowohl der Insel als auch der Fä-

⊡ *Kühe grasen vor der Kulisse der Felsen Risin og Kellingin*

040fi-tt

röer insgesamt. Ganz im Süden liegt **Runavík** 30 (4200 Einwohner), nach Tórshavn und Klaksvík 38 die drittgrößte Stadt der Färöer. Im Nordosten ist **Fuglafjørður** 27 (1600 Einwohner) der zweitgrößte Ort auf Eysturoy.

Die **touristisch interessantesten Gebiete** finden sich im **Norden der Insel** zwischen Eiði 23, Gjógv 24, Elduvík 25 und Oyndarfjørður 26. Landschaftlich schöne, aber schmale und stellenweise steile Bergstraßen, die als **Buttercup routes** (s. S. 118) ausgeschildert sind, verbinden diese miteinander. Auf der Ostseite der Insel reichen **Fjorde** tief in das Land hinein.

23 Eiði ★ [C2]

Die Fischfabrik am Hafen ist der größte Arbeitgeber in dem kleinen Dorf an der Meerenge Sundini im äußersten Nordwesten von Eysturoy 22. Etwa 780 Einwohner hat Eiði. Sehenswert ist die **kleine Steinkirche** aus dem Jahr 1881. Sie ist im Inneren in Pastelltönen gestrichen. Wie in vielen anderen färöischen Kirchen sind an der Decke kleine Segelboote aufgehängt, die den Seeleuten einen guten Fang und eine glückliche Rückkehr von der rauen See bringen sollen.

Neben dem Supermarkt wurde in einem alten Bauernhaus das **Heimatmuseum Á Látrinum** eingerichtet. Vor der Nordspitze der kleinen Landzunge ragen am Fuße des 352 m hohen Eiðiskollur die beiden Felsnadeln **Risin og Kellingin** (s. S. 48) aus dem Meer. Von dort sieht man diese aber nicht so gut wie von Tjørnuvík 21 auf der gegenüberliegenden Seite des Fjords aus. Auch ist die zweistündige Wanderung zum Eiðiskollur beschwerlich. **Vogelfreunde** nehmen diese Anstrengung aber gerne auf sich, denn die Steilküste ist der Lebensraum zahlreicher Vögel.

Südöstlich von Eiði liegt der **Stausee Eiðisvatn.** Im Osten verlässt die Straße 61, eine landschaftlich schöne **Buttercup route** (s. S. 118), den Ort und führt über den 392 m hohen Pass Eiðiskarð nach Gjógv 24. Der kleine Parkplatz auf der Passhöhe ist der beste Ausgangspunkt, um den 882 m hohen **Slættaratindur,** den höchsten Berg der Färöer, zu besteigen (s. Wanderung 3 auf S. 94).

› **Heimatmuseum Á Látrinum** <063> neben dem Supermarkt, Tel. 592280, geöffnet nach Vereinbarung, Eintritt: 50 kr. In dem alten Bauernhaus mit seinem begrünten Dach, das von 1840 bis 1950 bewohnt war, sind Gebrauchsgegenstände und Werkzeuge der Fischer und Bauern aus dem 19. und 20. Jh. ausgestellt. Wer sich fürs Stricken interessiert, findet hier eine Sammlung an Wollwaren mit den typischen färöischen Strickmustern.

Unterkunft

› **Eiði Camping** € <064> direkt am Meer, Tel. 219377, geöffnet: April–Sept. Der Campingplatz (Wohnmobilstellplätze und Zelte) erstreckt sich auf dem alten Fußballplatz östlich des Ortes. Wegen seiner tollen Lage zählt er zu den schönsten auf den Färöern.

24 Gjógv ★★★ [D2]

Abgeschieden im äußersten Nordwesten der Insel Eysturoy liegt das kleine Dörflein mit seinen bunten Holzhäusern und der sehenswerten Schlucht, die als Naturhafen dient. Hier kann man auf aussichtsreichen Pfaden entlang der Klippen wandern.

Das **malerische Dorf** am **Fluss Dalsá** ist ein viel besuchter Touristenort. Viele Färinger haben hier ein Ferienhäuschen. Erstmals wurde Gjógv 1584 erwähnt, doch vermutlich war diese Gegend schon viel früher besiedelt. Der Ort wurde nach der tiefen, 200 m langen **Schlucht** benannt. Eine lange **Treppe** aus Beton führt hinunter zu den kleinen Fischerbooten, von denen aber heute nicht mehr allzu viele vor Anker liegen. Diese können mittels einer Seilwinde auf eine Betonrampe gezogen werden – so sind sie vor den hohen Wellen sicher und können nicht gegen die Felswände geschleudert werden. Nachts wird die Schlucht mit bunten Lichtern illuminiert.

Gjógv ist heute ein **Dorf der Gegensätze:** Der alte Dorfkern mit seinen kleinen, bunten Häuschen neben der Schlucht und den engen Gassen wird zusehends von modernen Ferienhäusern eingerahmt. Auch das Wetter kann hier kaum gegensätzlicher sein. An warmen Sommertagen schippern Kinder mit selbst gebauten Flößen auf dem angestauten Dorfbach. Doch gewaltige Stürme, die von der offenen Meerseite kommen, können das kleine Dorf auch tagelang lähmen.

Als Besucher gewinnt man den Eindruck, dass Gjógv seine Ursprünglichkeit und Lässigkeit nach und nach verliert und sich derzeit zu einem **touristischen Hotspot** entwickelt. Am Ortsanfang entstand eine große Ferienhausanlage mit vielen privaten Parkplätzen entlang der Straße. In der Nähe parken oft zahlreiche Touristenbusse und Scharen von Besuchern laufen zur Schlucht in der Ortsmitte. Doch die Busse fahren nach kurzer Zeit wieder ab und dann kann man den Charme des kleinen Dorfes genießen.

041fi-tt

Oberhalb der Schlucht beginnen die schmalen **Wanderpfade zu den Vogelklippen** (s. S. 51). Wer fit genug ist, kann von hier aus eine Tagestour zum 882 Meter hohen **Slættaratindur** unternehmen. Auf den Berg führt jedoch auch ein kürzerer und bequemerer Weg (s. Wanderung 3 auf S. 94).

Unterkünfte

- **Flatnagarður Camping** € <065> bei der weißen Kirche, Tel. 423171, geöffnet: Mai–Aug. Stellplätze für Wohnmobile und Wohnwagen, kleine Rasenfläche für ein paar Zelte.
- **Gjáargarður** €€€ <066> Dalavegur 20, Tel. 423171, www.gjaargardur.fo, geöffnet: Gästehaus und Restaurant März–Nov. Das oberhalb des Ortes gelegene Gästehaus war früher einmal eine Jugendherberge. Im Sommer ist das große Haus häufig von Reisegruppen belegt, sodass eine frühzeitige Reservierung angeraten ist.

Essen und Trinken

- **Gjáarkaffi** € <067> direkt oberhalb der Schlucht, geöffnet: Juni–Aug. tgl. 11–18 Uhr. In dem kleinen Café kann man bei einer Tasse Kaffee und einem Stück selbst gebackenem Kuchen oder einem Eis herrlich relaxen und den Blick über die bunten Häuser des Dorfes schweifen lassen. Das Café wird vom Gästehaus Gjáargarður betrieben.

Wanderungen rund um Gjógv

Die Rezeption des Gästehauses **Gjáargarður** (s.l.) in Gjógv 24 verkauft eine **Wanderkarte** mit Wegbeschreibungen für spektakuläre Wanderungen entlang der Klippen, ins grüne Ambatal und zur Felsnadel Búgvin [D2]. Es werden auch geführte Wanderungen angeboten. Da die Wege auf Privatland verlaufen, wird ein Teil der Teilnahmegebühren an die Landbesitzer abgeführt.

Viele Pfade führen durch **Grasland,** das fast immer nass ist. Deshalb werden **wasserdichte Wanderschuhe** oder besser noch **Gummistiefel** mit grober Profilsohle empfohlen.

Vom Gästehaus führt ein ausgetretener Pfad den Hang hinauf zu den steilen **Vogelklippen** und daran entlang. Etwa 1–2 Stunden sollte man für diese Wanderung einplanen. Wer sich an der Landschaft und den vielen **Vögeln** sattgesehen hat, geht am besten auf demselben Weg wieder zurück.

Anspruchsvoll ist die lange **Tageswanderung ins Ambatal (Ambadalur).** Dafür sind körperliche Fitness, Trittsicherheit und ein guter Orientierungssinn notwendig, denn Wanderwegmarkierungen und Wegweiser gibt es hier fast keine. Dafür erwarten den Wanderer mitunter ein Gewirr von ausgetretenen Pfaden und immer wieder Steinmännchen, an denen man sich orientieren kann. Die Wanderung beginnt oberhalb des Dorfes und steigt in westlicher Richtung steil hinauf zum Pass zwischen den Bergen Nóvin (490 m) im Süden und Fjallið (469 m) im Norden. Danach führt der Pfad entlang des Bachs Róvá hinunter ins Ambatal. Durch seine üppige Vegetation erscheint dieses Tal je nach Lichteinfall in vielen Grüntönen.

Vor der Küste ragt die 188 m hohe **Felsnadel Búgvin** aus dem Meer, die höchste der Färöer. An der Küste begleiten den Wanderer Scharen von **Seevögeln.** Es ist ein Erlebnis, diese mit dem Fernglas zu beobachten und ihrem Geschrei zu lauschen. In östlicher Richtung kann man oberhalb der steilen Klippen um den Fjallið herum zurück nach Gjógv wandern.

25 Elduvík ★ [D2]

Fährt man von Gjógv 24 auf der **Straße 60** über Funningur [D2] entlang der Küste bis zum Ende des Fjords **Funningsfjørður** und biegt dort nach Norden auf die **Straße 62** ab, erreicht man nach insgesamt 14 km die bunten Häuschen von Elduvík. Nur noch wenige Familien leben in dem kleinen Ort mit den engen Gassen, der wegen seiner **Unterwasserwälder** bei Tauchern und Schnorchlern beliebt ist. Das Wasser des Fjords ist hier besonders klar und die Sicht unter Wasser gut. Man kann an meterhohen Tangwedeln und beeindruckenden Unterwasserfelsen entlangtauchen und dabei die vielfältige Flora und Fauna des Meeres studieren.

Wie in Gjógv gibt es auch in Elduvík eine lange, tiefe **Schlucht (Elduvíksgjógv),** die früher als Naturhafen diente. Sie liegt westlich des Ortes. Heute befindet sich die Anlegestelle der Boote mit den hölzernen Bootsschuppen am östlichen Ortsrand, wo auch der kleine Campingplatz liegt (geöffnet: April–Sept.). Westlich da-

In Gjógv dient eine tiefe Schlucht als Naturhafen

von steht am Strand unterhalb der Kirche das **Marmennelin,** das Meermännchen, das einer Sage nach die Fischer foppte und ihnen die Köder stahl. Hans Pauli Olsen schuf die Skulptur mit ihrem Sockel aus Granit.

Man nimmt an, dass **Grímur Kamban,** gemäß der **Färingersaga** (s. S. 110) der erste Siedler der Färöer, eine Zeit lang an jener Stelle lebte, wo heute **Funningur** an der Küste des Funningsfjørður liegt. In der Ortsmitte des kleinen Dorfes steht die 1847 erbaute **Holzkirche,** deren Fenster bei Sturm mit Schiebeluken verschlossen werden können. Innen sind alte Schnitzereien zu sehen, die wohl interessanteste ist Christus neben dem Altar.

26 Oyndarfjørður ★ [D2]

Oyndarfjørður liegt zwar nur drei Kilometer Luftlinie östlich von Elduvík 25 am gleichnamigen Fjord, doch fährt man auf der einzigen Straße dorthin, ist der Weg 24 km lang. Rund 130 Einwohner hat das kleine Dorf heute. Der **färöische Nationalheld Magnus Heinason** (s. S. 20) wurde hier geboren. Die weiß getünchte **Holzkirche** mit ihrem grünen Grasdach stammt aus dem Jahr 1838. Das Altarbild malte der Däne Christoffer Wilhelm Eckersberg.

Eine etwas eigenartige Attraktion sind die **Rinkusteinar,** die **„Wackelsteine“**. Die beiden mehrere Tonnen schweren Steine stehen südlich des Ortes hinter dem Hafen an der Küste. Eine verrostete Kette verbindet einen der beiden Steine mit einem Fixpunkt an Land, sodass man an den Bewegungen der Kette erkennen kann, wie der große Stein im Rhythmus der Wellen schwankt. Der andere Stein bewegt sich seit geraumer Zeit nicht mehr, denn er wurde zwischen anderen Steinen eingeklemmt. Um die Rinkusteinar rankt sich eine **Sage.** Demnach sollen einst Piraten nach einem Raubzug mit zwei Schiffen über den Fjord auf das Dorf zugerudert sein, um dieses ebenfalls zu plündern. Im Angesicht der Gefahr erschien eine zauberkundige Frau und verwandelte die beiden Seeräuberschiffe in Steine, kurz bevor die Piraten anlanden konnten. Seitdem schwanken diese ruhelos in den Wellen.

042fi-tt

27 Fuglafjørður ★ [D3]

Die **Kleinstadt** ist das **Versorgungs-, Dienstleistungs- und Kulturzentrum** im Nordosten von Eysturoy 22. Die Fischindustrie sichert den 1600 Bewohnern viele Arbeitsplätze. Wie wichtig diese für den Ort ist, erkennt man am großen Hafen mit seinem 1 km langen Kai.

Im **Kulturhaus Mentanarhúsið,** das der ortsansässige Musiker Niels Midjord entworfen hat, finden Konzerte statt, die dank der guten Akustik des Hauses Besucher aus Nah und Fern anziehen. Jährlich im April findet in Fuglafjørður ein internationales **Handarbeitsfestival** (s. S. 102) für Freunde der Strickkunst statt.

1956 wurden bei Bauarbeiten an der Mündung des Flusses Gjógvará am westlichen Ortsanfang die Grundmauern eines 10 m langen und 6 m breiten Langhauses aus der Wikingerzeit entdeckt, das Archäologen auf das Jahr 950 datieren (**Wikingerhaus við Gjógvará**). Die kaum noch erkennbaren Mauerreste sind frei zugänglich. Fuglafjørður war somit schon früh von den Wikingern besiedelt.

Fährt man von Fuglafjørður auf der Straße 16 viereinhalb Kilometer in Richtung Leirvík 28 und biegt dann nach Norden auf die schmale Küstenstraße ab, kommt man nach einem Kilometer zu einem grasbewachsenen Hang, der zum Leirvíksfjørður abfällt. Hier fließt unter der Erde warmes Wasser. Auf die **Thermalquelle Varmakelda** [E3] weist allerdings lediglich ein großer, beschrifteter Stein hin – eine Wasserstelle ist nicht zu erkennen. Das 18 °C warme Wasser fließt unterirdisch in den Fjord. Im Mittelalter galt die heiße Quelle als heilkräftig und die Bewohner versammelten sich hier alljährlich zur Sommersonnenwende, um zu tanzen und zu feiern. Daraus entwickelte sich das heutige **Volksfest Varmakeldustevna** (s. S. 102).

› **Kulturhaus Mentanarhúsið** <068>, Karvatoftir 5, http://mh.fo

Infos und Reisetipps

› **Touristeninformation Visit Eysturoy in Fuglafjørður** <069> Í Støð 14, im Ribarhús (s. r.), Tel. 238015, www.visiteysturoy.fo, geöffnet: Mo.–Do. 9–16, Fr. 9–15 Uhr

◁ Oyndarfjørður auf der Insel Eysturoy 22

Einkaufen

› **Ribarhús & Piddasahandil** <070> Í Støð 14, Tel. 224427, geöffnet: Mo.–Mi. 13–16, Do. 11.30–16, Sa. 11–14 Uhr. Im alten Kaufladen Ribarhús finden wechselnde Kunstausstellungen statt, und Piddasahandil verkauft Kunsthandwerk. In dem Haus kann auf Anfrage auch ein kleines Bootsmuseum besichtigt werden. Donnerstags ist von 11.30 bis 14.30 Uhr das Café Lúkukaffi geöffnet, in dem Bewohner des Ortes eine Suppe und selbstgebackenen Kuchen anbieten.

Essen und Trinken

› **Muntra** €€ <071> Toftagøta 1 A, gegenüber vom Ribarhús im 1. Stock des Bankhauses, Tel. 444081, geöffnet: tgl. 12–20 Uhr. Hier gibt es schmackhafte Fischgerichte, Steaks und Burger.

28 Leirvík ★★ [E3]

Fährt man auf der **Küstenstraße 10** weitere vier Kilometer am **Leirvíksfjørður** entlang, erreicht man Leirvík. Gäbe es nicht den Unterseetunnel hinüber zur Insel Borðoy 37, würde sich vermutlich kaum ein Tourist in den Ort mit seinen 1000 Einwohnern verirren. Dennoch hat Leirvík eine Attraktion: **Toftanes.** Dies sind die kniehohen Grundmauern von ehemals vier **Bauernhäusern aus der Wikingerzeit** (9./10. Jh.). Toftanes befindet sich gegenüber vom Hafen am westlichen Ortseingang. Das größte Gebäude war damals ein zweigeteiltes Langhaus. Es war 20 m lang und besaß eine meterdicke Mauer aus aufgeschichteten Steinen. Ein Teil des Hauses diente als Stall, im restlichen Bereich mit der großen Feuerstelle in der Mitte lebten die Bewohner. Archäologen fanden hier mehrere Holzkreuze, die auf den Zeitraum zwischen 860 und 970 datiert wurden. Sie stammen folglich aus einer

Zeit vor der offiziellen Christianisierung, die nach schriftlichen Überlieferungen erst Anfang des 11. Jh. stattfand. Geht man davon aus, dass die Zahlen stimmen, kann dies nur bedeuten, dass einige Wikinger schon früher bekehrt worden sind. Dies ist durchaus möglich, denn nach den Überlieferungen des irischen Mönchs Dicuil aus dem Jahr 825 waren irische Mönche die ersten dauerhaften Siedler, die sich um das Jahr 650 zumeist als Einsiedler auf den Färöern niederließen.

In der Ortsmitte bei der heutigen Kirche fanden Archäologen 1990 die Überreste einer alten **Kapelle** mit einem Friedhof; diese verfielen vermutlich nach der Reformation (1538).

Auf der anderen Seite der Straße 10 kann ein nettes kleines Museum besichtigt werden, das **Boot- und Kunstmuseum (Báta- of Listasafnið).** Hier wird gezeigt, wie die Fischer früher mit und vom Meer lebten, und im Obergeschoss beschäftigen sich Bilder lokaler Künstler mit diesem Thema.

Östlich von Leirvík steht eine Müllverbrennungsanlage einsam an der Küste. Mithilfe der hier erzeugten Abwärme werden Fischabfälle getrocknet, die als Spezialität nach Afrika verkauft werden, wo daraus Fischsuppe gekocht wird.

› **Báta- og Listasafnið** <072> Kulibakki 8, Tel. 730150, geöffnet: Di. 14–17, Do. 14–16 Uhr

☐ *Imposant: Hinter Leirvík* 28 *erhebt sich eine steile Felswand*

043fi-tt

29 Gøta ★★ [E3]

Die drei kleinen Dörfer **Syðrugøta, Gøtugjógv und Norðragøta,** die zusammengefasst als Gøta bezeichnet werden, liegen in der breiten **Bucht Gøtuvík.** Diese Region wurde schon früh von den Wikingern besiedelt. Von hier stammt der Wikingerhäuptling **Tróndur í Gøta,** der heidnische Widersacher in den Machtkämpfen mit Sigmundur Brestisson, die schließlich um das Jahr 1000 mit der Einführung des Christentums endeten.

Syðrugøta ist vor allem durch das Musikfestival namens **G! Festival** (s. S. 102) überregional bekannt.

Gøtugjógv ist nach der Schlucht benannt, die sich vom südlichen Ortsrand nach Westen erstreckt. Diese Schlucht ist geologisch interessant, da sie Teil eines langen Risses in der Erdkruste ist, der sich quer über die Inseln bis nach Saksun 19 erstreckt. Der Riss entstand während der feurigen Geburt der Färöer vor 60 bis 70 Mio. Jahren durch Vulkanismus.

In **Norðragøta** gibt es ein sehenswertes **Freilichtmuseum (Gøtu Fornminnissavn)**, in dem ein alter färöischer Dorfkern wiederaufgebaut wurde.

› **Freilichtmuseum (Gøtu Fornminnissavn)** <073> Ortsmitte von Norðragøta, Tróndargøta 29, Tel. 222717, geöffnet: Juni–Ende Aug., Di.–Sa. 13–16 Uhr, Führungen um 13 und 14.30 Uhr, Eintritt: Erwachsene 100 kr, Kinder 10 kr. Das 1835 erbaute Bauernhaus Blásastova ist das Herzstück des kleinen Freilichtmuseums, weshalb es oft nur kurz als Blásastova bezeichnet wird. Daneben steht eine kleine, mit Grassoden gedeckte Holzkirche aus dem Jahr 1833. Sie zählt zu den ältesten auf den Färöern. Drei Fischerhäuser, die zwischen 1902 und 1907 erbaut wurden, und mehrere Bootsschuppen vervollständigen das Museum. Die Blásastova wurde 1860 mit einem Anbau erweitert. Ihre geteerten äußeren Holzwände sind mittels einer Steinmauer vor Sturm und Regen geschützt. Das Dach ist mit Grassoden gedeckt. Für den Innenausbau wurde unbehandeltes Fichtenholz verwendet. Der Fußboden besteht auch in der *roykstova* (Rauchstube) aus Holzplanken, weshalb dort nicht auf einer offenen Feuerstelle, sondern auf einem richtigen Herd gekocht wurde. Das alte Bauernhaus ist ein Schmuckstück färöischer Schreinerarbeiten.

30 Runavík, Toftir und Æðuvík ★ [E4]

Runavík, Toftir und Æðuvík liegen auf der **südöstlichen Halbinsel von Eysturoy** 22. Durch den neuen Eysturoy-Tunnel (s. S. 38) sind sie mit dem Hauptstadtgebiet verbunden.

Mit 4200 Einwohnern ist **Runavík** die drittgrößte Stadt der Färöer und ein wichtiger Fischereihafen. Der Ort ist mit **Glyvrar** und **Saltangará**, dem eigentlichen Stadtzentrum, zusammengewachsen, sodass sich dieses **Ballungsgebiet am Ostufer des Skálafjørður** über eine Länge von 10 km erstreckt. Touristisch hat die kleine Industriestadt wenig zu bieten. Im Hafen liegt die 1885 gebaute **Schaluppe Høganes**, die heute als Bühne für Konzerte und Kleinkunst genutzt wird. Neben der Touristeninformation kann man im Handarbeitsladen **Heimavirki** färöische Wollwaren erwerben. In der Weihnachtszeit wird auf dem Platz neben dem Kreisverkehr ein romantisches **Weihnachtsdorf** aufgebaut, bei dem auch der Bach Løkurin miteinbezogen wird. In Glyvrar können sich Besucher im **Heimatmuseum (Bygdasavnið Forni)** in das 19. Jh. zurückversetzen lassen.

Südlich von Runavík findet sich einer der **schönsten Seen** der Färöer, der 0,5 ha große **Toftavatn.** Das von Bergen und Grasflächen umgebene Gewässer ist bekannt für seinen Vogelreichtum. Im Sommer nisten hier viele Zugvögel. Ein Angelschein ist in den beiden Touristeninformationen von Eysturoy in Fuglafjørður (s. S. 53) und Runavík (s. S. 56) erhältlich. Um den See rankt sich auch eine Sage: Hier soll der Wasserelf Nykur wohnen, der jeden in die Tiefe reißt, der ihn berührt (s. S. 59).

Der kleine Ort **Toftir** an der Westküste wurde zu Beginn der 90er-Jahre durch sein **Fußballstadion Svangaskarð** bekannt. Zwar gibt es in dem Ort bereits seit 1980 ein kleines Fußballstadion, als der färöische Fußballverband aber 1990 in die UEFA aufgenommen wurde, brauchte er dringend ein eigenes Spielfeld für die Länderspiele, das den Statuten der UEFA und FIFA entsprach. So sprengte man am nördlichen Ortsrand Felsen und erbaute dort in Rekordzeit ein größeres Fußballstadion, das

KURZ & KNAPP

Die Färinger und der Fußball

12. September 1990 im schwedischen Landskrona: Die als chancenlos eingeschätzte Fußballmannschaft der Färöer gewann das **Länderspiel gegen Österreich** überraschend mit 1 : 0. Damit wurde die kleine, fußballbegeisterte Nation international bekannt. In der Fünfjahreswertung der UEFA am Ende der Europapokalsaison 2017/2018 belegte die Fußballnationalmannschaft der Männer den 51. von 55 Plätzen und die der Frauen den 39. von 49.

Fußball ist auf den Färöern **Nationalsport.** Fast jedes kleine Dorf hat seine eigene Mannschaft und wer einmal an einem Sportplatz vorbeikommt, wird selbst feststellen, welch großen Anklang Fußball bei Jung und Alt findet.

schon 1991 eröffnet wurde. Nachdem im Jahr 2000 in Tórshavn das Fußballstadion Tórsvöllur in Betrieb genommen wurde, verlor Toftir aber an Bedeutung. Doch ist der Ort nach wie vor ein Symbol für die **Fußballbegeisterung der Färinger** (s. oben).

Am südlichen Ortsanfang steht die moderne **Frídrikskirkjan.** Das Gotteshaus mit dem v-förmigen Dach wurde in den Jahren 1993/1994 nach Plänen des färingischen Architekten Høgni Würdig Larsen erbaut. Benannt wurde es nach Fríðrik Petersen, dem 1917 verstorbenen Gründer der unionistischen Partei (Sambandsflokkurin). Petersen übersetzte auch religiöse Lieder in die färöische Sprache.

Æðuvík ist der südlichste Ort auf Eysturoy. Das Dorf mit seinen etwa 100 Bewohnern liegt an der Ostküste der Halbinsel. Nördlich außerhalb des heutigen Ortes gab es einst eine wichtige **Thingstätte (Tinghella).** Diese liegt unmittelbar an der Küste und ist nur mit einem Boot zu erreichen.

› **Heimatmuseum (Bygdasvnið Forni)** <074> an der Straße 15 (Glyvravegur), östlich vom Hafen, Glyvrar, Tel. 226088, geöffnet: Juni–Sept. Mo., Mi., Sa. 16–19 Uhr. Das kleine Museum ist in einem alten Bauernhaus aus dem 17. Jh. untergebracht. Neben der Ausstellung von Gebrauchsgegenständen und Einrichtungen wie einem Kaufmannsladen aus dem 19. Jh. dokumentiert es die Geschichte der Region.

Infos und Reisetipps

› **Touristeninformation Visit Runavík** <075> Heiðavegur 26, am Hafen, Saltangará, Tel. 417060, https://visitrunavik.fo, geöffnet: Mo.–Fr. 10–16 Uhr

Unterkunft

› **Hotel Runavík** €€€ <076> Heiðavegur 6, südöstlich des Hafens, Tel. 663333, http://hotelrunavik.fo. Das einzige Hotel in Rúnavík besitzt helle, freundliche Zimmer und ein gutes Restaurant.

Essen und Trinken

› **Café Cibo** € <077> Heiðavegur 51, Saltangará, Tel. 447400, geöffnet: Mo.–Do. 11.30–20, Fr. 11.30–21, Sa. 11–21, So. 10–21 Uhr. Hier gibt es guten Fisch, Hähnchen mit Pommes und ein preisgünstiges Mittagsmenü.

Einkaufen

› **Bónus Saltangará** <078> Heiðavegur 40, geöffnet: Mo.–Sa. 9–22 Uhr. Filiale des Lebensmittel-Discounters.

› **Heimavirkni** <079> Heiðavegur 34, Saltangará, geöffnet: Mo.–Fr. 14–17.30, Sa. 11–14 Uhr. In dieser Verkaufsstelle bieten die Bewohner der Umgebung ihre Strickwaren und Basteleien an, die sie übers Jahr hergestellt haben.

› **Navia** <080> Oyrarnar 10, Toftir, Tel. 449282, http://navia.fo, geöffnet: Mo.–Fr. 10–17.30, Sa. 10–14 Uhr. Navia ist einer der größten Wollproduzenten der

Färöer-Inseln. Seine Erzeugnisse wie Wolle, Pullover, Mäntel, Schals, Mützen, Handschuhe etc. werden in dem großen Laden in Toftir wie auch online verkauft.

› **Rúsdrekkasøla Saltangará** <081> Heiðavegur 25, Saltangará, geöffnet: Mo.–Do. 13–17.30, Fr. 10–17.30, Sa. 10–14 Uhr. Spirituosengeschäft.

Die Westinseln Vágar und Mykines

Auf Vágar 31 befindet sich der **internationale Flughafen der Färöer** (s. S. 116). Doch die Insel hat auch landschaftlich und kulturell einige Highlights zu bieten: zum einen den **Wasserfall Bøsdalafossur** 33, der aus dem **See Sørvágsvatn** 30 m tief in den Atlantik stürzt (s. Wanderung 4 auf S. 95), zum anderen das kleine Häuschen **Kálvalið in Miðvágur** 32, Witwensitz der Pfarrersfrau Beinta Broberg (s. S. 58), deren bewegtes Leben als Vorlage für den Film „Barbara" diente, und drittens **Bøur** 35, das wohl schönste Dorf der Färöer. Bis vor wenigen Jahren führte von dort keine Straße in das benachbarte **Gásadalur** und die Menschen mussten einen beschwerlichen Fußweg über die Berge auf sich nehmen.

Die **Vogelinsel Mykines** 36 gilt als außergewöhnliches Eiland. Hier ist die Natur noch weitgehend unberührt und die Landschaft spektakulär. **Ornithologen** reisen gerne dorthin, denn hier können sie Seevögel besonders gut beobachten. Auf dem vorgelagerten kleinen Eiland **Mykineshólmur** hat sich die größte Basstölpel-Kolonie der Färöer angesiedelt.

31 Insel Vágar ★★ [B5]

Vágar ist 176,4 km² groß. Hier leben rund 3400 Menschen. Der höchste Berg ist der 722 m hohe **Árnafjall.** Ein knapp 5 km langer **Unterseetunnel** [C4] verbindet Vágar seit 2002 mit Streymoy 13 und Tórshavn.

Wer mit dem Auto unterwegs ist, kann sich nicht verfahren, denn nur **eine einzige Straße** (Nr. 11, in der

Die große Kirche von Sørvágur 34 auf der Insel Vágar

044fi-tt

Verlängerung Nr. 45) verläuft in einem südlichen Halbkreis um die Insel. Nur im Norden gleich nach dem Tunnel (Straße 93) und im Süden bei Sandavágur 32 zweigen zwei kurze Stichstraßen ab.

32 Sandavágur und Miðvágur ★ [C4]

Mit insgesamt 2100 Einwohnern sind die fast **zusammengewachsenen Orte** Sandavágur und Miðvágur die **größte Siedlung** auf Vágar 31.

In **Sandavágur** erinnert ein schlichtes **Denkmal** an **Venceslaus Ulricus Hammershaimb** (1819–1909), der 1846 die heutige färöische Schriftsprache schuf. Hammershaimb wurde mitten im heutigen Dorf auf dem Bauernhof Á Steig geboren. Von 1555 bis 1816 wohnte hier der Løgmaður, der Vorsitzende des Things. V. U. Hammershaimb, von Beruf Pfarrer, war der Sohn des letzten Løgmaður. Er sammelte die bislang nur mündlich in verschiedenen Dialekten überlieferten Sagen und Geschichten seiner Heimat und schrieb sie in einer von ihm entworfenen Schriftsprache nieder, die für alle Färinger verständlich war.

Die 1916 erbaute **Kirche** (tgl. geöffnet) ist weiß getüncht, hat ein rotes Dach und ist eine der prächtigsten auf den Färöern. Im Innern steht rechts neben dem Altar ein **Runenstein** aus der Wikingerzeit, den ein Bauer im Jahr 1917 auf seinem Acker fand. Eine Inschrift besagt, dass „Thorkild Onundarson, Ostmann aus Rogaland, an diesem Ort als erster siedelte". Mit Rogaland ist Norwegen gemeint. Der Runenstein belegt, dass die kleine Bucht bei Sandavágur schon sehr früh besiedelt wurde. An der östlich gelegenen Landspitze ragt eine **spitze Felsnadel** 313 m hoch aus dem Meer. Diese heißt **Trøllkonufingur:** „Finger einer Trollfrau". Von Sandavágur führt eine kurze Stichstraße dorthin.

Auf der anderen Seite der Bucht liegt **Miðvágur.** Am steilen Hang über dem Dorf steht **Kálvalið,** ein kleines, mittelalterliches Grassodenhaus mit Fjordblick. Zwei holzvertäfelte Zimmer, ein kleiner Kuhstall und ein winziges Fenster zur Bucht hin sind alles, woraus das Haus besteht. Davor steht ein mit Feldsteinen eingefasster Schafstall. Das kleine Haus ist durch den 1939 erschienenen **Roman „Barbara"** des färöischen Schriftstellers **Jørgen-Frantz Jacobsen** (1900–1938) bekannt geworden. Darin wird eindrucksvoll das Leben der Pfarrerswitwe von Vágar, **Beinta Broberg** (s. links), beschrieben, die als Vorbild für die Romanfigur diente. Der Roman wurde zweimal verfilmt: 1961 übertrug ein in Dänemark gedrehter deutscher Spielfilm das Leben der Broberg in die Gegenwart und themati-

KURZ & KNAPP

Wer war Beinta Broberg?

Beinta (1667–1752) ist vermutlich die **bekannteste Frau in der Geschichte der Färöer.** Sie wurde in Tórshavn als Tochter dänischer Eltern geboren und war mit drei Pfarrern von Vágar 31 verheiratet. Seinerzeit war es üblich, dass die Pfarrerswitwe den Nachfolger ihres verstorbenen Mannes heiratete. Doch Beinta wich davon ab und verbrachte zunächst ein Witwenjahr in dem kleinen Häuschen **Kálvalið,** das ihr die Kirche als Witwensitz vermacht hatte. Man nennt Kálvalið deshalb auch das **„Almosen-Haus".** Beinta soll als Femme fatale verrufen gewesen sein. Ihrer Liebesgier verfiel so mancher Mann auf der abgeschiedenen Insel. Die letzten Tage ihres Lebens verbrachte Beinta in Sandavágur 32, wo sie nach ihrem Tod unter der Kirche auf heiligem Boden beigesetzt wurde.

sierte so die Lebensgeschichte eines jungen Arztes, der die Witwe seines Vorgängers heiratet. 1996 drehte der dänische Regisseur Nils Malmros mit „Barbara“ den bis dahin teuersten dänischen Film an den Originalschauplätzen. 1997 wurde dieser im Nordischen Haus 7 in Tórshavn uraufgeführt.

› **Kálvalið** <082> Miðvágur, Tel. 333455, nach Voranmeldung geöffnet. Das kleine Pfarrhaus ist von außen frei zugänglich.

Unterkünfte

› **Á Giljanes Hostel & Campsite** € <083> Hillingartanga 8, Miðvágur, Tel. 271142, ganzjährig geöffnet. Das Hostel befindet sich auf der Ostseite des Hafens direkt neben der Straße. Neben einfachen Doppel- und Mehrbettzimmern stehen Stellplätze für Wohnmobile zur Verfügung, ferner gibt es einen Platz für Zelte.

› **Gästehaus Magenta** €€ <084> Jatnavegur 31, an der Straße 11 westlich vom Hafen, Miðvágur, Tel. 286408, www.magenta.fo/en. Das Boutiquehotel ist eine schmucke familiäre Unterkunft, deren Zimmer im Stil der 1950er-Jahre eingerichtet sind. Viele der prächtigen alten Möbel stammen von dem dänischen Möbelschreiner Johannes Larssen. Die Besitzerin vermietet auch Zimmer auf der Insel Mykines

Essen und Trinken

› **Fiskastykkið** € <085> Úti á Bakka, Sandavágur, Tel. 250600, www.fiskastykkid.fo, geöffnet: Mi., Do., So. 12–18, Fr., Sa. 12–21 Uhr. Das Café befindet sich in einem historischen Warenhaus, das an einem Trockenplatz für Klippfisch steht. Alte Fotos, Plakate und Kritzeleien an den Wänden erinnern an früher. Hier treffen sich Einheimische, um preiswert frischen Fisch mit regionalem Gemüse und hausgemachten Kuchen zu essen.

33 See Sørvágsvatn und Wasserfall Bøsdalafossur ★★ [C5]

Zwischen Miðvágur 32 und Sørvágur 34 ersteckt sich der **See Sørvágsvatn,** der auch als **Leitisvatn** bezeichnet wird. Die Einheimischen nennen den See kurz **Vatnið.** Das 6 km lange und etwa 500 m breite Gewässer erstreckt sich zungenförmig bis an die Steilklippen im Süden der Insel. Mit einer Wasserfläche von knapp 3,6 km² ist es der **größte Binnensee** der Färöer. Er liegt 32 m über dem Meeresspiegel. An seinem Nordrand steht eine **Skulptur des Wassergeistes Nykur,** ein auf seinen Hinterbei-

Der Wassergeist Nykur erscheint angeblich in Gestalt eines Pferdes

101fi-tt

nen stehendes Wasserpferd. Der Bildhauer Pól Skarðenni kreierte die Skulptur 2017. Nykur kann sein Aussehen verändern, erscheint Menschen aber meist in Gestalt eines grauen, schimmernden Pferdes. Wer Nykur berührt, klebt an ihm fest und wird in sein Reich unter Wasser gezogen. Nur der laute Ruf seines Namens kann den bösen Zauber brechen.

Der südliche Seeabfluss stürzt als **Bøsdalafossur** direkt in den Atlantik. Zu diesem **Atlantik-Wasserfall** führt eine reizvolle zweistündige **Wanderung** (s. S. 97). Alternativ bietet das **Ausflugsboot Lakeside** Rundfahrten über den See an. Östlich des Wasserfalls erhebt sich das 142 m hohe **Kap Trælanípa.** Nach einer Sage sollen die Wikinger einst ihre Leibeigenen, die zum Arbeiten zu alt waren, von dem Kap ins Meer gestoßen haben.

› **Ausflugsboot Lakeside,** Mai–Sept. tgl. 14 Uhr, Dauer: 3 Std., Erwachsene 495 kr, Kinder bis 13 Jahre 250 kr, Buchung: https://make.fo/en/experiences/lakeside

34 Sørvágur ★ [B4]

Südöstlich des kleinen Ortes Sørvágur befindet sich der **internationale Flughafen der Färöer** (s. S. 116). Beim Flugplatz, auf halber Strecke zwischen dem Sørvágsvatn 33 und Sørvágur, können Geschichtsinteressierte das **Kriegsmuseum** besuchen.

Sørvágur, mit rund 1140 Einwohnern der zweitgrößte Ort auf Vágar 31, ist ein kleiner Verkehrsknotenpunkt und ein **Einkaufs- und Versorgungszentrum.** Vom **Hafen** fährt die Personenfähre zur Insel Mykines 36 ab. Auch ein **Heimatmuseum (Sørvágs Bygdarsavn)** gibt es hier.

› **Heimatmuseum (Sørvágs Bygdarsavn)** <086> Ovarivegur 23, südlich des Hafens, Sørvágur, Tel. 333284 u. 333191, http://bygdarsavnid.com, geöffnet: nach Vereinbarung, Eintritt: 30 kr. Die vielen historisch wertvollen Gegenstände aus dem Alltagsleben der Dorfbewohner und Fischer, die man beim Abriss eines alten Hauses fand, bildeten den Grundstock des 1963 eröffneten Heimatmuseums. So erfährt man hier etwa, dass die Bojen der Fischer früher aus Walmägen genäht waren, die aufgeblasen wurden.

Infos und Reisetipps

› **Touristeninformation Visit Vágar,** im Flughafen Vágar [B/C4], Tel. 333455, https://visitvagar.fo

Unterkünfte

› **Cottages by the Sea** €€€ <087> Bakkavegur 4, Sørvágur, Tel. 232101, https://make.fo/en/stay/38004-soervagur. Der Reiseveranstalter maketravel vermietet in der Nähe des Hafens 40 m² große, modern eingerichtete Cottages mit Dusche/WC, Kochnische, Wohn-, Schlafraum und kleiner Terrasse.

› **Gästehaus Ró** €€ <088> í Geilini 9, Sørvágur, Tel. 532036. Helle, schlicht eingerichtete Gästezimmer in einem weißen Bungalow östlich vom Hafen mit Gemeinschaftsküche und Aufenthaltsraum.

Essen und Trinken

› **Café Zorva** € <089> Ovarivegur 21, Sørvágur, Tel. 296969, geöffnet: Di.–So. 17–22 Uhr. In dem schlichten, grauen Wellblechhaus gibt es leckere Pizza, Fish & Chips, Burger und Sandwiches.

› **Restaurant Café Pollastofa** €-€€ <090> í Bygdini 4, Sørvágur, Tel. 532352, geöffnet: im Sommer Mo.–Sa. 10–21, So. 14–21, im Winter Mo.–Do. 11–17, Fr., Sa. 9–17 Uhr. Kuchen, Waffeln, Pasta, Lachs und einfache Grillgerichte. Der Gastraum ist mit Bildern färöischer Künstler geschmückt.

Museum

› **Kriegsmuseum (Krígssavnið)** <091> Varðagøta 61, Sørvágur, Tel. 221940, https://ww2.fo, geöffnet: Mai–Sept. Sa./So. 14–17 Uhr, Eintritt: 50 kr, Kinder bis 13 Jahre frei. Das Museum befindet sich in einem 1942/1943 errichteten, turmartigen Gebäude. Es beleuchtet die Zeit von 1940 bis 1945, als die Färöer im Zweiten Weltkrieg von den Briten besetzt waren. Nachdem deutsche Truppen Dänemark und Norwegen okkupiert hatten, besetzten die Briten in der Operation Valentine im April 1940 die strategisch wichtigen Färöer, um sie vor einem deutschen Einfall zu schützen. Durch Minen, die im Meer trieben, kamen damals viele färöische Fischer ums Leben. Über ihr Schicksal berichtet das Museum ebenso wie über das Zusammenleben der Färinger mit den Briten. Nach Kriegsende verließen die hier stationierten 5000 bis 6000 britischen Soldaten die Färöer wieder.

35 Bøur und Gásadalur ★★★ [B4]

In den Dörfern Bøur und Gásadalur, dem abgelegensten Dorf der Insel, erleben Besucher die Färöer in ihrer zauberhaften Ursprünglichkeit.

Fährt man von Sørvágur 34 auf der **Straße 45** weiter am 5 km langen Sørvágsfjørður entlang, gelangt man zunächst nach Bøur, dann weiter auf einer **Buttercup route** (s. S. 118) und durch einen 1,4 km langen Tunnel nach Gásadalur.

MEIN TIPP

Der Wasserfall Reipsáfossur

Nördlich von Sørvágur 34 und **nur zu Fuß zu erreichen** ist der 2 km lange **Fjallavatn** [B4], mit einer Fläche von 1,02 km² der zweitgrößte Binnensee der Färöer. Im Norden stürzt der Seeabfluss, der **Bach Reipsá**, als 80 m hoher Wasserfall namens **Reipsáfossur** durch eine enge Schlucht in den Atlantik.

Bøur ist ein **pittoreskes, kleines Dorf** mit etwa 70 Einwohnern. Für mich ist es das schönste Dorf der Färöer, auch wegen des **herrlichen Meerblicks** auf die vorgelagerten Inseln. Die bunten Häuser haben kleine Gärten, in denen im Sommer viele Blumen blühen. Die Häuser gruppieren sich um eine färöische **Holzkirche** aus dem Jahr 1865. Am westlichen Ortsrand bildet der Bach Stórá einen kleinen Wasserfall.

Hinter Bøur eröffnet sich eine schöne Sicht auf die 65 ha große Felsinsel **Tindhólmur**, deren schroffe, 262 m hohe Felswand mit ihren fünf Zacken wie die Flosse eines riesigen Hais aus dem Wasser ragt. Westlich davon liegt die flache, 10 ha große Insel **Gáshólmur.** Solche kleinen, unbewohnten Inseln, auf denen manchmal

In Gásadalur stürzt die Dalsá im 20 m hohen Wasserfall Múlafossur ins Meer hinab

102fi-tt

Schafe weiden, nennt man **Holme.** Sie werden nicht zu den 18 größeren Inseln der Färöer gezählt.

Gásadalur liegt eingekesselt von den **höchsten Bergen der Insel** im grünen Tal des **Flusses Dalsá** etwa 50 m über dem Meer. An der **Steilküste** können keine Boote anlegen. Das Dorf besteht nur aus einigen Bauernhöfen, deren Bewohner von der Landwirtschaft leben. Da es in dem Ort keine Kirche gibt, wird der Gottesdienst in der Schule abgehalten, die auch als Gemeindehaus dient. Östlich von Gásadalur stürzt der Fluss Dalsá im 20 m hohen **Wasserfall Múlafossur** über die senkrechte Felswand ins Meer. Vom Dorf führt ein schöner Rundweg zum Wasserfall und entlang der Steilküste wieder zurück.

Bis zur Eröffnung des 1,4 km langen **Straßentunnels** im Jahr 2006 gelangte man von Bøur nur auf einem beschwerlichen und bei Nässe rutschigen Bergpfad nach Gásadalur, dem seinerzeit abgelegensten Dorf der Färöer. Auf diesem gefährlichen Weg wurde früher auch die Post befördert. Wenn ein Bewohner von Gásadalur starb, musste dessen Sarg mühsam über die fast 500 m hohen Berge nach Bøur getragen werden, denn Gásadalur bekam erst 1873 einen Friedhof. Die Sargträger konnten aus der **Quelle Keldan Vígda** („geweihtes Wasser“) trinken. Es wird berichtet, dass einmal ein todkranker Säugling, der noch nicht getauft war, aus Gásadalur zu einem Arzt nach Bøur gebracht werden sollte. Unterwegs verschlimmerte sich der Gesundheitszustand des Kindes. Da Kinder, die ungetauft starben, als verlorene Seelen galten, weihte der Pfarrer, der den Krankentransport begleitete, aus Not die Quelle am Wegesrand und taufte das sterbende Kind mit dem geweihten Wasser. Etwa auf halber Strecke gab es an einem Felsen, der **Líksteinurin** („Leibesstein“) genannt wird, eine Möglichkeit zu rasten und Schutz vor dem Wetter zu finden. Auch **Risasporið, der Fußabdruck eines Riesen** (s. S. 64), liegt am Wegesrand.

Der 1990 gedrehte **dänische Dokumentarfilm „1700 Meter vor der Zukunft“** beschreibt den beschwerlichen 3,5 km langen Weg über die Berge nach Gásadalur, auf dem heute Wanderer unterwegs sind. Der Film von Ulla Rasmussen wurde 1990 als bester nordischer Dokumentarfilm ausgezeichnet und machte das isolierte Dorf bekannt.

103fi-tt

Unterkunft, Essen und Trinken

› **Gästehaus Gásadalsgarður** €€ <092> in der Dorfmitte (Lækjutún), Tel. 277013. In einem historischen Holzhaus kann man in vier einfachen Doppelzimmern mit Gemeinschaftsdusche/-WC und Gemeinschaftsküche übernachten. Im angebauten Nachbarhaus befindet sich ein Café € (geöffnet: tgl. 11–16 Uhr) mit kleiner Aussichtsterrasse, das neben Kuchen auch typisch färöische Speisen anbietet. Passend zur Umgebung wird ein Múlafossur Red Ale der Brauerei Föroya Bjór (s. S. 33) ausgeschenkt.

36 Vogelinsel Mykines ★★★ [A4]

Mykines ist nur 9,6 km² groß. Doch ein Tag reicht kaum aus, um alles zu entdecken, was die kleine Insel zu bieten hat. Vor allem in den Sommermonaten zieht es viele Ornithologen, Maler und Fotografen auf das Eiland.

Mitunter ist es nicht einfach, die Insel mit dem **Schiff** anzusteuern, denn die **starke Querströmung im Mykinesfjørður** kann die Überfahrt von Sørvágur 34 bei Sturm und hohen Wellen verhindern. Deshalb sollten Reisende darauf vorbereitet sein, ein paar Tage auf Mykines festzusitzen, falls schlechtes Wetter die Rückfahrt zur Insel Vágar 31 verzögert. Man kann zwar alternativ den **Hubschrauber-Service** in Anspruch nehmen, aber der Linienhubschrauber fliegt ebenfalls nicht bei jedem Wetter.

14 ständige Bewohner hat die Insel, die alle im gleichnamigen Dorf an der flacheren Westküste der Insel leben. Höchster Berg ist der 560 m hohe **Knúkur.** Außerhalb des Dorfes streifen etwa 1200 Schafe durch die grünen Berge. Mykines ist **autofrei,** hat keine Straßen und kaum Versorgungsmöglichkeiten. Wer die Insel besuchen möchte, ist entweder auf **organisierte Touren** angewiesen oder muss die Überfahrt, Übernachtung und Verpflegung selbst organisieren. Im Sommer kommen an den Wochenenden viele Färinger nach Mykines, die hier ein Ferienhaus besitzen.

Eine 40 m lange **Fußgängerbrücke,** die über einen schmalen, schluchtartigen Meeresarm (Hólmgjógv) führt, verbindet Mykines mit ihrer „kleinen Schwester" **Mykineshólmur.** Am westlichen Ende dieses kleinen Eilands steht der 1909 erbaute **Leuchtturm.** Dorthin führt die am meisten begangene **Wanderstrecke** von Mykines. Seit im Oktober 2021 der Hang an einer steilen Schlüsselstelle abrutschte, ist der Weg zum Leuchtturm und zu den Vogelfelsen allerdings gesperrt. **Wann der Weg wieder begehbar ist, stand bei Redaktionsschluss (Frühjahr 2023) noch nicht fest.**

Mykines und Mykineshólmur sind **Vogelinseln:** Vor allem Papageitaucher, Dreizehenmöwen und Basstölpel kann man hier gut beobachten. Eine reizvolle Wanderung führt in das nordwestlich des Dorfes Mykines gelegene **Korkadalur** mit seinem „steinernen Wald". Die 30 m hohen **Basaltsäulen** gaben dem Tal seinen Namen. Eine längere und anspruchsvollere Wanderung erkundet den 3 km östlich des Dorfes gelegenen **Berg Knúkur.**

Das **Dorf Mykines** besteht aus etwa 40 färöischen Holzhäusern mit Grassodendach, einem Schulhaus und der 1879 erbauten Kirche. Im Sommer 2023 soll in der alten Schule ein Besucherzentrum eröffnet werden, das dann die zentrale Anlauf-

‹ Der Leuchtturm von Mykines thront in spektakulärer Landschaft

und Auskunftsstelle für Touristen ist und auch Unterkünfte vermittelt. Bis dahin kann man sich in der Mykines Stova (s. S. 65), einem kleinen Café, informieren.

Sámal Joensen-Mikines, einer der bekanntesten Maler der Färöer, wurde 1906 auf Mykines in seinem heute über 100 Jahre alten Geburtshaus Innistova geboren. Er starb 1979 auf seiner Insel. Im Kristianshús hatte sich der Maler seine Werkstatt eingerichtet. Er malte naturalistische Bilder von den Landschaften seiner Heimat, von den Menschen und Tieren in teils frischen, leuchtenden, teils dumpfen, dunklen Farbtönen.

Infos und Reisetipps

› **Beschränkungen für Touristen auf Mykines:** Da viele Besucher querfeldein über das private Weideland zu den Vogelfelsen liefen und die Vögel beim Brüten störten, wurde die Zahl der Touristen auf Mykines auf 200 pro Tag begrenzt. Die markierten Wege außerhalb des Dorfes dürfen nicht verlassen und nur noch zwischen 10 und 17 Uhr begangen werden. Die Vogelfelsen mit den Basstölpeln und Papageitauchern dürfen ausschließlich im Rahmen einer geführten Tour besucht werden. Diese kann auf https://hiking.fo gebucht werden und kostet 400 kr (Kinder bis 15 Jahre frei).

› **Fährverbindung:** Die Personenfähre Jósup fährt von Mai bis Aug. zweimal tgl. von Sørvágur 34 nach Mykines. Infos, aktuelle Fahrzeiten und Buchung bei www.mykines.fo. Normalerweise fährt das Schiff vormittags um 10.45 und nachmittags um 16.20 Uhr nach Mykines und um 11.30 und 17.05 Uhr wieder zurück nach Sørvágur. Die Überfahrt, die manchmal recht stürmisch sein kann, dauert etwa 45 Minuten. Da die Fähre nur Platz für 88 Passagiere bietet und schnell ausgebucht ist, muss die Überfahrt frühzeitig – am besten bereits vor der Saison – gebucht werden. Wetterbedingt können Überfahrten allerdings

Risasporið, der Fußabdruck eines Riesen

Vor langer Zeit, so erzählt es eine Legende, geriet ein Riese, der in Gásadalur 35 lebte, mit einem Riesen, der auf Mykines 36 wohnte, in Streit. Der Riese aus Gásadalur sprang über den Fjord hinüber nach Mykines. Sein kraftvoller Absprung hinterließ im Fels oberhalb von Gásadalur einen Fußabdruck, der noch heute zu sehen ist. Auf Mykines kämpften die beiden Riesen miteinander, wodurch im Westen ein Teil der Insel abgesprengt wurde und Mykineshólmur entstand. Der aus Gásadalur stammende Riese verlor den Zweikampf. Um sein Leben zu retten, versprach er drei Dinge: Die Menschen, die auf Mykines lebten, sollten jedes Jahr Treibholz sowie einen Wal erhalten, zudem sollten Vögel zum Brüten auf die Insel kommen, sodass die Bewohner deren Eier sammeln und auf Vogeljagd gehen konnten. Der Riese aus Gásadalur knüpfte daran jedoch eine Bedingung: Die Menschen dürften sich über seine Gaben nicht beschweren. Als das Treibholz jedoch dünn und krumm und der Wal hässlich und einäugig war, beklagten sich die Menschen lautstark über diese beiden Gaben. Seither treibt kein Treibholz mehr an die Küste von Mykines und kein einziger Wal wurde mehr gesichtet. Nur die Vögel kommen bis heute auf die Insel. Deshalb befindet sich wohl auch die größte Basstölpel-Kolonie der Färöer auf Mykineshólmur.

auch kurzfristig ausfallen. Dann wird zwar automatisch das Geld zurücküberwiesen, man bekommt aber keine neue Überfahrt angeboten, sondern muss diese erneut buchen.

› **Hubschrauberflüge:** So., Mi., Fr., Sept.–Mai auch Mo., aktuelle Flugzeiten und Buchung unter www.atlanticairways.com/en/helicopter/timetable, Tel. 341000

Essen und Trinken

› **Mykines Stova** € <093> an der Abzweigung Túalsvegur/Bøgøta, Tel. 787515. Hier gibt es belegte Brote, Kaffee und Kuchen sowie eine leckere Fischsuppe, die aber am Nachmittag, wenn die Besucher von ihren Touren zurückkehren, schnell ausverkauft ist. Deshalb sollte man sie vorbestellen.

Die Nordinseln Borðoy, Kunoy, Kalsoy, Viðoy, Svínoy und Fugloy

Die sechs Inseln Borðoy und Kunoy 37, Kalsoy 39, Viðoy 42 sowie Svínoy und Fugloy 44 werden als **Nordinseln** (**Norðoyar**) bezeichnet. **Borðoy** ist die **größte Insel**; hier liegt **Klaksvík** 38, die Hauptstadt der Nordinseln. Ein **Unterseetunnel** [E3] verbindet Borðoy mit Eysturoy 22. Die beiden größeren Inseln Kunoy und Viðoy sind durch **Brücken** miteinander verbunden. Auf die kleineren Inseln Kalsoy, Svínoy und Fugloy fahren **Fähren.**

Auf die Nordinseln kommen nur **wenige Touristen.** Das Land ist zu schroff, um dort längere Wanderungen zu unternehmen und Ortschaften gibt es nur wenige. Dafür liegen auf den Nordinseln **sieben der zehn höchsten Berge der Färöer.** Die Inseln sind aber eine Erkundung wert, denn nur wer dorthin reist, kann ihre Geheimnisse lüften. Bei Sonnenschein fällt auf, dass die Nordinseln **noch grüner** sind als die anderen Inseln. Das zieht **Fotografen** an, die dort **einzigartige Motive** finden, etwa ein einzelnes Schaf, das verloren in der Weite der Landschaft grast oder eine einsame Berghütte am Fuß einer steilen Felswand. Bei Trøllanes 41 wurden Naturaufnahmen für den James-Bond-Film „Keine Zeit zu sterben“ (2021) gedreht.

37 Inseln Borðoy und Kunoy ★ [E2/F3]

Seit 2006 verbindet ein 6,3 km langer **Unterseetunnel** Leirvík 28 auf Eysturoy 22 mit Klaksvík 38 auf Borðoy. In dem zweispurigen Tunnel gestaltet die bunte Illumination des Künstlers Tróndur Patursson die Fahrt abwechslungsreich, ohne vom Fahren abzulenken.

Borðoy ist 94,5 km^2 groß, gut 5300 Menschen leben hier. Höchster Berg ist die 772 m hohe Erhebung **Norðan fyri Lokkaskarð.** Auf Borðoy gibt es außerhalb von Klaksvík nur wenige Straßen: Eine führt auf die Insel Kunoy, eine weitere in Richtung Norden nach Múli und auf die Insel Viðoy 42.

Múli an der Ostküste von Borðoy war lange Zeit ein verlassenes Dorf, nachdem 1998 der letzte Bewohner weggezogen war. Doch inzwischen sind die paar kleinen Häuschen des Ortes wieder bewohnt. Seit eine 6 km lange **Buttercup route** (s. S. 118) von dem Ort Norðdepil bis nach Múli ausgeschildert wurde, kommen auch immer mehr Besucher dorthin. Die landschaftlich außergewöhnlich schöne Touristenstraße verläuft an der Küste des schmalen Hvannsunds entlang.

Die **Insel Kunoy** ist mit einer Fläche von 35,2 km² deutlich kleiner als Borðoy. Die abgelegene Insel zählt nur 145 Bewohner. Mit sechs von neun Gipfeln mit über 800 m Höhe, die es auf der Inselgruppe gibt, ist Kunoy die **gebirgigste Insel** der Färöer. Sie besteht aus einem einzigen Gebirgskamm, auf dessen Grat sich von Süden nach Norden mehrere 600 m bis über 800 m hohe Gipfel gruppieren. Der 830 m hohe **Kúvingafjall** [E2] ist der höchste Berg, er liegt etwa in der Mitte der Insel. Auf der Westseite und v. a. an der Nordspitze der nur 3 km breiten Insel fallen die Berge steil zur Küste hin ab, im Norden über 800 m. Hinter der Brücke über den schmalen **Haraldssund** führt seit 1988 ein 3 km langer **einspuriger Tunnel** nach Kunoy, der einzigen Siedlung auf der Insel. Wie Bøur 35 ist auch das Dorf Kunoy ein pittoresker Ort, in dem die Zeit stillzustehen scheint. Das Ortszentrum bildet die kleine Holzkirche aus dem Jahr 1867. Drumherum reihen sich kleine Häuser, in deren Gärten im Sommer bunte Blumen blühen.

Fischerboote im Hafen von Klaksvík

104fi-tt

38 Klaksvík ★★ [E3]

Klaksvík, die **Hauptstadt des Nordens,** ist eine moderne Kleinstadt mit knapp über 5000 Einwohnern, einem sehenswerten Hafen, einer geschichtsträchtigen Kirche und einem interessanten **Heimatmuseum.** Nach Tórshavn ist sie die **zweitgrößte Stadt** der Färöer und ein bedeutender Industriestandort. Die Mehrzahl der Bewohner lebt vom Fischfang oder arbeitet im Hafen. Die meisten **Geschäfte** be-

MEIN TIPP

Echtes Färöer Bier

Das **Familienunternehmen Föroya Bjór** mit dem **Widder auf dem Etikett** wurde 1888 von Simon F. Hansen gegründet. Die Brauerei bietet verschiedene Biersorten an, die alle nach dem **deutschen Reinheitsgebot** aus importierter Gerste, Hopfen, Hefe und Wasser gebraut werden. Die klassischen Biere der Brauerei wie das Pils Veðr und das durch sein geröstetes Malz dunklere Classic haben 4,6 % Alkohol. Die stärkeren Biere haben 5,8 % Alkohol. Gull, das „goldene Bier", wird v. a. für den Export gebraut. Die Färinger bevorzugen Slupp, ein dunkles Luxusbier mit Karamellnote, und Black Sheep, das noch etwas dunkler und herb ist. Die Biere wurden schon mehrfach mit internationalen Preisen ausgezeichnet. Zum St. Olavsfest (s. S. 104) und an Weihnachten werden spezielle Biere gebraut. Auch die Destillerie Einar's und die Biermarke Okkara gehören zu Föroya Bjór. Außer Bier stellt das Unternehmen auch **nichtalkoholische Softdrinks** her, z. B. die auf den Färöern beliebte Jolly-Cola.

› **Brauerei Föroya Bjór** <094> am Südwestende des Hafens (Klaksvíksvegur 19), Klaksvík, Tel. 475454, www.bjor.fo, geöffnet: Bierverkauf Mo.–Do. 10–17, Fr. 10–17.30, Sa. 10–14 Uhr

finden sich auf der West- und Südseite des Hafens in den Straßen Klaksvíkarvegur, Biskupsstøðgøta und Nólsoyar Páls gøta. Am Südwestende der Bucht befindet sich die **größte Brauerei** der Färöer: **Föroya Bjór** (s. S. 33).

Südlich davon steht die **Christianskirkjan (Christianskirche)**, die nach dem dänischen König Christian X. (1870–1947) benannt wurde. Die große, turmlose Kirche mit ihren erkerförmigen Seitenfenstern wurde von dem dänischen Architekten Peter Koch entworfen und 1963 geweiht. Ihre Form und ihr Baustil erinnern an den Magnusdom in Kirkjubøur 14.

Innen dient eine 4000 Jahre alte **germanische Opferschale**, die aus Dänemark stammt, als Taufbecken. Das prächtige, 57 m² große **Altarbild** mit der Darstellung des letzten Abendmahls wurde 1901 von dem dänischen Maler Joakim Skuvgaard für den Dom von Viborg in Dänemark gemalt. Da es in dieser Kirche zu feucht war, wurde das Bild in das staatliche Kunstmuseum in Kopenhagen ausgelagert. Nachdem Peter Koch den Auftrag zum Bau der Christianskirkjan bekommen hatte, wurde das Altarbild in die neue Kirche integriert. Auch mit dem **Ruderboot**, das unter der Decke aufgehängt ist, ist eine bewegte Geschichte verbunden. Das seinerzeit größte achtrudrige Holzboot wurde 1890 gebaut. Der Pfarrer von Viðareyði fuhr damit zu seinen Gemeinden auf den kleinen Nordinseln und die Bewohner von Fugloy nutzten es zum Fisch- und Grindwalfang (s. S. 42). Weihnachten 1913 überstand es als einziges von vier Booten einen schweren Sturm auf See und brachte die wenigen Überlebenden zurück in den sicheren Hafen.

Auf einer **künstlichen Insel** am Ende der Bucht wurde am Platz Biskupstorg, der kurz Torgið genannt wird, ein modernes **City-Center** gebaut. Das Ensemble repräsentativer Gebäude wurde von dem renommierten dänischen Architekturbüro Henning Larsen entworfen. Das City-Center und der **Sportboothafen** verbinden die auf beiden Seiten der Bucht gelegenen Stadtteile miteinander. Am Torgið weist eine Tafel auf eine denkwürdige **Rebellion der Bürger von Klaksvík** in den 1950er-Jahren hin (Læknastíðid, s. S. 68). Dazu sind im Stadtgebiet 13 Stationen mit weiteren Infos verteilt, die sich per QR-Code abrufen lassen.

Als Veranstaltungshighlight gilt das jährlich im August stattfindende **Sommerfestival** (s. S. 103).

› **Heimatmuseum Klaksvík (Norðoya Fornminnisavn)** <095> Klaksvíksvegur 86, Tel. 456287, geöffnet: Mitte Mai–Mitte Sept. Mo.–Fr. 11–15 Uhr. In dem schwarz geteerten Holzhaus, das zu einem Ensemble historischer Warenhäuser aus dem Jahr 1838 gehört, wird die Geschichte und Kultur der Nordinseln und ihrer Bewohner dokumentiert. Ausgestellt sind Gebrauchsgegenstände des Alltagslebens. Sehenswert ist die alte Apotheke im 1. Stock, die originalgetreu erhalten ist, so, wie sie bis 1961 in Betrieb war. Im Haus nebenan wurde das Kulturcafé Leikalund eingerichtet, in dem Konzerte und Kunstausstellungen stattfinden (geöffnet: im Winter Mo. 14–20 und So. 15–21 Uhr, im Sommer Mo., Mi. 14–18 und Fr.–So. 16–20 Uhr).

Infos und Reisetipps

› **Touristeninformation Visit Norðoy in Klaksvík** <096> Biskupstorg 5 (im City-Center), Tel. 456939, geöffnet: Mo.–Fr. 9–17.30, Sa. 10–14 Uhr. Hier werden auch Souvenirs und Schaffelle verkauft. Die kleinen Felle für einen Stuhl werden übrigens *púta* genannt.

KURZ & KNAPP

Læknastíðid – The Doctor Feud

Der Konflikt (feud = Fehde) zwischen den Bürgern von Klaksvík 38 und den Behörden in Tórshavn begann mit einer banalen Angelegenheit. 1951 versetzte Tórshavn den **Arzt Olaf Halvorsen**, der seit 1948 im dortigen Krankenhaus angestellt war, in das Krankenhaus von Klaksvík. Hier wurde der neue Arzt schnell bei der Bevölkerung beliebt. Als bekannt wurde, dass er eine Nazi-Vergangenheit hatte, verlor er seine Krankenhauszulassung und wurde von der Stadtverwaltung Tórshavn durch einen färöischen Arzt ersetzt. 95 % der Klaksvíker wollten jedoch ihren alten Arzt behalten und rebellierten gegen dessen Abberufung. Daraus entwickelte sich ein **blutiger Konflikt**, der sogar mit Waffen und Bombenattentaten gegen Politiker aus Tórshavn ausgetragen wurde. Erst als Dänemark Militär nach Klaksvík entsandte, beruhigte sich die Lage.

Der eigentliche Anlass zur Rebellion war allerdings, dass sich Klaksvík – damals der bedeutendste Industriestandort der Färöer – nach Verabschiedung des **Selbstverwaltungsgesetzes** von 1948 nicht der Zentralregierung in Tórshavn unterordnen wollte. Einen klaren Gewinner gab es am Ende nicht, aber die junge Demokratie hat durch den Konflikt Schaden genommen.

Unterkünfte

› **Hotel Klaksvík** €€€ <097> Víkarvegur 38, Tel. 455333, www.hotelklaksvik.fo. Das Hotel befindet sich nördlich der Brauerei Föroya Bjór. Es bietet große, schlicht eingerichtete Zimmer mit Dusche/WC und Fernseher. Vom Restaurant, in dem morgens das Frühstück serviert wird und tagsüber Kaffee und kleine Snacks angeboten werden, hat man einen guten Blick über den Hafen. In dem Hotel gibt es keine alkoholischen Getränke.

Essen und Trinken

› **Angus Steakhouse** €€€ <098> Klaksvíksvegur 4, Tel. 457777, www.angus.fo, geöffnet: So.–Do. 11.30–15 und 17–21.30, Fr., Sa. 11.30–15 und 17–22 Uhr. Außer Steaks mit Salaten vom Buffet gibt es hier färöische Lammgerichte, Burger und Hummersuppe. Das Lokal befindet sich in einem grünen Haus und ist rustikal eingerichtet.

› **Café Fríða** €€ <099> Biskupstorg 5 (im City-Center), https://frida.fo, geöffnet: Mo.–Sa. 9–21 Uhr. Die hausgemachten Kuchen in diesem beliebten Café sind ausgesprochen köstlich. Daneben gibt es herzhafte Kleinigkeiten.

› **Fisk & Chips** € <100> Nólsoyar Pálsgøta 13a, geöffnet: Mo.–Fr. 11–22, Sa. 16–22 Uhr. In dem Schnellimbiss am Parkplatz zwischen dem Supermarkt und der Effo-Tankstelle gibt es frischen Fisch mit Pommes.

› **Kjøthandilin** € <101> Nólsoyar Pálsgøta 14, gegenüber der Effo-Tankstelle, Tel. 456150, geöffnet: Mo.–Fr. 11–13.30, Sa. 11–13 Uhr. Die ehemalige Metzgerei verkauft preisgünstige Fisch- und Fleischgerichte mit Gemüse und Kartoffeln zum Mitnehmen. Es gibt auch Pommes und Getränke. Hier holen viele Einheimische und Hafenarbeiter ihr Essen.

› **Roykstovan** € <102> Klaksvíksvegur 41, Tel. 456125, geöffnet: Do. 18–23.45, Fr. 17–3.45, Sa. 16–3.45, So. 16–23 Uhr. Das dunkelgrün angestrichene Holzhaus mit seinem Betonsockel, der mit der felsigen Küstenlandschaft der Färöer bemalt ist, ist der beliebteste Pub der Stadt. Hier gibt es abends auch noch deftiges Essen wie Burger mit Pommes.

Einkaufen

› **Alkoholladen (Rúsdrekkasøla Landsins) in Klaksvík** <103> Sævargøta 6, östlich vom Hotel Klaksvík am Fjord gelegen, Tel. 340402, geöffnet: Mo.–Do. 13–17.30, Fr. 10–17, Sa. 10–14 Uhr

- **Bónus Klaksvík** <104> Oman Eið 9, geöffnet: Mo.-Sa. 9-22 Uhr. Der Lebensmitteldiscounter liegt am Kreisverkehr der Straße 10 am östlichen Ortsrand.
- **fk-Supermarkt (Føroya Keypsamtøka)** <105> Nólsoyar Pálsgøta 15, geöffnet: Mo.-Sa. 8-22 Uhr
- **Gamla Seglhúsið** <106> Klaksvíksvegur 48, Tel. 217055, www.gamlaseglhusid.fo, geöffnet: Mo.-Fr. 16-18, So. 14-18 Uhr. In dem 1914 erbauten Haus wurden früher Schiffssegel hergestellt. Heute beherbergt es eine Kunstgalerie, die auf zwei Stockwerken Bilder und Skulpturen färöischer Künstler ausstellt und zum Verkauf anbietet. Wer sich für moderne nordische Kunst interessiert, sollte sich die Bilder definitiv ansehen.
- **Norðoya Heimavirki** <107> Biskupsstøðgøta 11, bei den mit Grassoden gedeckten Bootsschuppen gegenüber vom City-Center, Tel. 456899, geöffnet: Mo.-Fr. 13-17.30, Sa. 10-13 Uhr. In dem Handarbeitsladen verkaufen die Bewohner der Umgebung ihre handgestrickten Pullover und andere Wollwaren. Außerdem gibt es industriell hergestellte Strickwaren und Souvenirs.

39 Insel Kalsoy ★★ [D2]

Wie Kunoy 37 besteht auch Kalsoy aus einer **Kette von Bergen**, die sich in der Inselmitte von Süden nach Norden erstrecken. Der höchste Berg ist der 788 m hohe **Nestindar.** Nur die Ostküste der 30,6 km² großen Insel ist besiedelt, die steile Westküste ist unbewohnt. Eine einzige Straße, die **Küstenstraße 76**, verläuft über die Insel. Sie verbindet die vier Dörfer Syðradalur, Húsar, Mikladalur 40 und Trøllanes 41 miteinander. In diesen leben insgesamt etwa 80 Menschen.

Von Klaksvík 38 fährt mehrmals täglich eine **Autofähre** durch den Kalsoyarfjørður nach **Syðradalur** auf Kalsoy. Die kurze Schiffsreise ist landschaftlich sehr reizvoll. Am Fähranleger von Syðradalur stehen alte Bootsschuppen, zwischen denen ein schmaler Fußweg hinauf in das kleine Dorf führt. Die Kirche von **Húsar** wurde 1920 erbaut. Hauptort der Insel ist **Mikladalur.** Seit dort die **Robbenfrau** (s. S. 70) an Land ging, kommen auch etliche Touristen in das verträumte Dorf.

- **Fährverbindung:** Die Autofähre Sam verkehrt Mai-Mitte Sept. tgl. ca. alle 2 Std. von Klaksvík nach Syðradalur auf Kalsoy und zurück. Mitte Sept.-April pendelt die Fähre weniger häufig. Fahrtdauer: 20 Min. Infos und aktuelle Abfahrtzeiten unter www.ssl.fo/en/timetable/ferry/56-klaksvik-sydradalur.

40 Mikladalur ★★ [E2]

Mikladalur am **Kalsoyarfjørður** ist ein **pittoresker Ort**, den man auf schmalen Fußwegen erkunden kann. Neben dem kleinen Dorfbach, an dem im Sommer gelbe Sumpfdotterblumen blühen, steht eine alte Schmiede, die aber schon lange nicht mehr in Betrieb ist. Oberhalb davon wurde 1859 anstelle einer alten, baufälligen Holzkirche, die abgerissen wurde, die **Mikladalskirkja** gebaut. Diese wurde 1915 in ihrer heutigen Form neu errichtet. Im Inneren des Gotteshauses segelt ein **Votivschiff** unter der als blauer Sternenhimmel gestalteten Kirchendecke zum Altar. Solche Votivschiffe findet man in vielen Kirchen der Färöer – sie wurden von Seeleuten und Fischern zum Dank für eine glückliche Heimkehr gestiftet. Das Altarbild von Jógvan Waagstein zeigt Gott als Beschützer der Fischer in stürmischer See. Die Kirche ist normalerweise **verschlossen**, wird auf Wunsch aber für eine Besichtigung geöffnet (Telefonnummer an der Tür).

Die Sage von der Robbenfrau

Seit 2014 steht auf einem Felsen an der Küste von Mikladalur 40 auf Kalsoy 39 eine 2,5 m große **Robbenfrau (Kópakonan)**, die gerade dabei ist, ihr Fell abzustreifen. Der Bildhauer Hans Pauli Olsen hat diese bekannteste Gestalt nordatlantischer Sagen in Bronze gegossen.

Die Sage behandelt die großen Mysterien des Lebens – Gut und Böse, Barmherzigkeit und Betrug, Liebe und Laster – und thematisiert das Verhalten des Menschen gegenüber der Natur. V. U. Hammershaimb (s. S. 58) beschrieb die Sage 1891 in einer seiner Erzählungen und verlegte ihre Handlung nach Mikladalur.

Einmal im Jahr am Dreikönigstag dürfen Robben aus dem Meer an Land gehen und wenn sie dort ihr Fell ablegen, werden sie zu Menschen. Eine Nacht lang tanzen sie dann vergnügt am Strand und mischen sich unter die Menschen. Ein junger Bauernsohn aus Mikladalur verliebte sich einst in ein Robbenmädchen und versteckte ihr Fell, sodass sie nicht mehr ins Meer zurückkehren konnte und als Frau unter den Menschen leben musste. Der Bauernsohn zwang die Robbenfrau, ihn zu heiraten und ihm Kinder zu schenken. Jahre später fand die Robbenfrau ihr Fell, das der Bauernsohn in einer Kiste versteckt hatte. Sie nahm es an sich, versorgte noch schnell die Kinder, ging zum Strand und zog das Fell an. Dann verschwand sie im Meer, wo ihr Robbenmann all die Jahre auf sie gewartet hatte. In einer Nacht, bevor der Bauernsohn auf Robbenjagd gehen wollte, erschien ihm die Robbenfrau im Traum. Sie beschwor ihn, ihren Robbenmann und ihre beiden neugeborenen Robbenkinder, die sich in einer Robbenhöhle am Strand befanden, zu schonen. Der Bauernsohn tötete jedoch die Robben und kochte deren Fleisch zum Abendessen für sich und seine Kinder. Als es draußen dunkel wurde, kehrte die Robbenfrau in Gestalt einer furchterregenden Trollfrau zurück und nahm Rache, indem sie die Bewohner Kalsoys mit einem Fluch belegte: Es sollten so viele Männer von den Vogelklippen zu Tode stürzen, mit ihrem Schiff kentern oder beim Fischen umkommen, dass diese die gesamte Insel umringen könnten. Bis heute ist diese Zahl noch nicht erreicht. Wohl deshalb sterben immer noch Menschen an den Klippen und auf See.

048fi-tt

Die Robbenfrau ist dem Meer entstiegen und legt ihr Robbenfell ab

Für Besucher des Ortes steht in der Straßenkurve 50 m vor der Kirche ein schwarzes, mit Grassoden gedeckten Holzhaus zur Verfügung, in dem man Rast machen kann.

Gemessen an der Zahl der Einwohner steht im Ort eine Vielzahl von hübsch renovierten Häusern. Die meisten gehören früheren Bewohnern, die inzwischen von hier weggezogen sind; heute dienen sie als **Ferienhäuser.** Durch die **Robbenfrau** (s. S. 70) bekommt Mikladalur neuen Schwung. Mit **Skulpturen** des hier geborenen Bildhauers **Fridtjof Joensen** (1920–1988) könnte man den Ort noch attraktiver gestalten.

In der Ortsmitte steht am Anfang des **Bakkavegur** ein schwarz getünchtes Toilettenhäuschen. Gegenüber befindet sich **Marjuns Stein,** ein Kulturdenkmal. Es erinnert an die Magd Marjun, die vor 300 bis 400 Jahren hier lebte und stärker als alle Frauen der Gegend war. Sie konnte den am Boden liegenden, 287,5 kg schweren Stein mühelos heben. Seinerzeit wurden Frauen, die unehelich schwanger wurden, mit dem Tod bestraft. Dieses Schicksal ereilte auch Marjun. So sind auf einer Tafel ihre Worte zu lesen: „Ich weiß, was mir bevorsteht. Der Tod erwartet mich. Dieser Stein soll ein Zeugnis meiner Stärke sein."

Am Ende des kurzen Bakkavegur kann man im **Café Edge** (s. S. 72) einkehren, das in einem neu gebauten, schwarzen Holzhaus eingerichtet wurde. Unterhalb davon steht das **Pakkhúsið,** ein historisches, schwarz getünchtes Lagerhaus, das heute als Ferienhaus dient. Von dort führt eine lange, steile Steintreppe hinunter an die **felsige Küste** mit der **Skulptur der schönen Robbenfrau,** die gerade ihr Fell ablegt und zum Dorf blickt. Auf dem Rückweg kann man unterhalb der Brücke am Bach eine alte Getreidemühle entdecken.

Die Decke der Kirche von Mikladalur (40) ist wie ein Sternenhimmel gestaltet

Essen und Trinken

› **Café Edge** €-€€ <108> Bakkavegur 7, Tel. 284708, nur im Sommer geöffnet. Das Café mit seiner Aussichtsterrasse wird von einer Familie aus dem Dorf betrieben, die hier selbstgebackenen Kuchen und leckeres Essen anbietet. Gelegentlich finden auch kulturelle Veranstaltungen statt.

Unterkunft

› **Mikladalur Camping** € <109> am Fuß der Berge westlich von Mikladalur gelegen, geöffnet: April–Sept. Ein schöner, aber nur mit WC und Dusche ausgestatteter Platz für Zelte und Wohnmobile (Stromanschluss).

41 Trøllanes ★ [D2]

Nach mehreren einspurigen Tunneln endet die **Straße 76** in Trøllanes. Auf dem alten **Friedhof** am Ortseingang erinnern keine Kreuze an die Toten, sondern kleine nummerierte Grashügel. Von hier eröffnet sich eine **gute Sicht** auf den grünen Bergrücken der Insel Kunoy 37. Im Ort kann man an den Häusern mit ihren liebevoll dekorierten, blumengeschmückten Gärten viele schöne Fotomotive entdecken. Am nördlichen Ortsrand fertigt der Schmied Mikkjal Pauli Johansen **Schmiedekunsthandwerk** und führt Besucher auf Anfrage durch seine Werkstatt.

Von der Schmiede führt ein ca. 3,5 km langer Pfad an die Nordspitze von Kalsoy, wo auf dem grünen Grat der Klippe Kallurin der weiße **Leuchtturm von Kallur** steht (siehe Bild auf S. 11).

42 Insel Viðoy ★★ [F2]

Viðoy ist 40,7 km^2 groß. Nur **zwei Dörfer** gibt es hier. Von den 600 Bewohnern des Eilands wohnen 350 in **Viðareiði** 43, dem nördlichsten Dorf der Färöer, und 250 in **Hvannasund.** Gäbe es nicht die **Fähre,** die von dem kleinen Fähranleger in Hvannasund zu den abgelegenen Nordinseln Svínoy und Fugloy 44 verkehrt (s. Postschiff S. 74), käme wohl kaum ein Tourist in diesen abgelegenen Ort am gleichnamigen Sund. Die Bewohner leben vom Fischfang und der Fischverarbeitung. Die weiße **Kirche** mit ihrem auffallend roten Dach wurde 1949 erbaut.

Der Rest der bergigen Insel ist nahezu **unbewohnt.** Höchster Berg ist der 841 m hohe **Villingadalsfjall** [E1], der dritthöchste Berg der Färöer. Er liegt nördlich von Viðareiði. Das 754 m hohe **Kap Enniberg** [E1] an der Nordspitze Viðoys ist nicht nur der nördlichste Punkt der Färöer, sondern auch eines der höchsten senkrechten Kliffs der Welt.

Die Insel wurde nach dem **Treibholz** benannt, das aus den Nadelwäldern Sibiriens bis in die Bucht Viðvík treibt. Von Norðdepil auf Borðoy 37 führt seit 1963 eine Straße auf einem **Damm** über den hier nur 300 m breiten Hvannasund zur Insel Viðoy. Ein knapp 2 km langer **Straßentunnel,** der **Viðareiðistunnilin,** verbindet Hvannasund mit Viðareiði.

43 Viðareiði ★★ [F2]

Nördlicher als bis Viðareiði führt auf den Färöern keine Straße. Nur zu Fuß gelangt man weiter nach Norden und erreicht so die **Steilküste** bei **Kap Enniberg.** In den Klippen brüten Tausende von **Seevögeln.**

Seit der Eröffnung des Straßentunnels 2016 führt eine **Straße** von Osten in den Ort. Zuvor war das Dorf nur auf der steinschlaggefährdeten Küstenstraße erreichbar, die an der Westküste entlangführt.

Viðareiði befindet sich in einer landschaftlich außergewöhnlich **reizvollen Gegend.** Von der weißen, 1892 erbauten **Kirche** mit dem **alten Friedhof** genießt man eine **atemberaubende Aussicht** nach Westen auf die senkrechten Klippen der Inseln Borðoy und Kunoy (37). Und blickt man nach Norden, ahnt man, dass hinter der Unendlichkeit des Meeres der Nordpol liegt. Gotteshaus und Friedhof stehen nur wenige Meter oberhalb der Küste. 1695 wurde der Vorgängerbau bei einer Sturmflut zerstört und ein Teil des Friedhofs vom Meer verschlungen. Die Särge trieben auf dem Wasser bis nach Hvannasund, wo sie geborgen wurden und die Toten noch einmal in Viðareiði bestattet werden konnten. Das **Altarbild** stellt die Anbetung des Jesuskindes durch die Heiligen Drei Könige dar. Es ist eine Kopie des Bildes, das der italienische Barockmaler Giuseppe Bartolomeo Chiari (1654–1727) als 22-Jähriger für die Kirche Santa Maria del Suffragio im Zentrum Roms malte. Das **Altarsilber** ist ein Geschenk der britischen Regierung, die sich damit bei den Bewohnern des Ortes für die Rettung von Schiffbrüchigen des britischen Schiffs Marwood bedankte. Der Zweimaster geriet im Januar 1847 auf der Rückfahrt von Afrika nach Liverpool in einen schweren Sturm und verlor sein Ruder. Drei Wochen lang trieb das Schiff auf dem Meer immer weiter nach Norden, bis es in der Bucht Eidsvík östlich von Viðareiði strandete. Das große, silberne **Kruzifix** ist ein Geschenk des Hamburger Kaufmanns Thomas Köppen aus dem Jahr 1551. Die Kirche ist normalerweise **verschlossen.** Wer sie außerhalb des sonntäglichen Gottesdienstes von innen besichtigen möchte, kann im benachbarten grasgedeckten **Pfarrhaus** anfragen.

Unterkunft

› **Hotel Norð** €€€ <110> Eggjarvegur 1, Viðareiði, Tel. 451244, www.hotelnord.fo. Einfache Zimmer mit Gemeinschaftsdusche/-WC oder eigener Dusche/WC am „Ende der Welt" – zumindest was die Färöer betrifft.

(44) Inseln Svínoy und Fugloy ★★ [G2]

Die beiden kleinen Inseln Svínoy und Fugloy liegen im **äußersten Nordosten** der Färöer. Sie sind **nur mit dem Schiff oder mit dem Hubschrauber erreichbar.** Die kleine **Fähre Ritan** befördert außer Reisenden auch Post und Waren des täglichen Bedarfs.

Svínoy ist 27,3 km^2 groß. Lediglich 30 Menschen leben hier, allesamt in dem **gleichnamigen Dorf** an der Ostküste. Im flachen, fruchtbaren Grasland in der Mitte der Insel wird Landwirtschaft betrieben. Svínoy bedeutet „Schweineinsel". Der Nord- und Südteil der Insel ist bergig. Ansonsten leben die Menschen hier vom Fischfang. Der 586 m hohe **Havnartindur** [F2] ist der höchste Berg Svínoys. Dank ihrer nicht allzu bergigen Topografie und der herrlichen Landschaft eignet sich Svínoy gut zum **Wandern.**

Svínoy wurde vermutlich als eine der ersten Inseln der Färöer von den **Wikingern** besiedelt. Die **Färingersaga** (s. S. 110) nennt **Svínoyar-Bjarni** als ersten Siedler von Svínoy. Der mittlere, flache Teil der Insel eignete sich bereits damals gut für die Landwirtschaft und Boote konnten die Insel – je nach Wetterlage – von Westen oder Osten anfahren. Die kleine **Kirche** von Svínoy wurde 1878 erbaut. Darin befindet sich ein großer Grabstein mit einem eingemeißelten Kreuz, der aus der Besiedlungszeit stammen soll. Er wird **Bjarnarsteinur** genannt. Ob Svínoyar-Bjarni tatsächlich hier beigesetzt wurde, ist nicht bewiesen, man vermutet es nur.

Fugloy bedeutet „Vogelinsel“. Die Seevögel in den hohen Klippen lassen sich hier sehr gut beobachten. Die Insel ist 11 km² groß und hat nur 38 Bewohner. Die meisten leben im Dorf **Hattarvík** an der Südostküste. Von dort führt die einzige Straße der Insel zur Siedlung **Kirkja** („Kirche“) an der Südwestküste. Der 621 m hohe **Klubbin** [F2] ist der höchste Berg. Auf Fugloy leben die Menschen vornehm-

Mit dem Postschiff zu den Nordinseln Svínoy und Fugloy

Die Fahrt mit dem Postschiff von Hvannasund [E2] auf Viðoy 42 durch die oft stürmischen Fjorde Svínoyarfjørður und Fugloyarfjørður zu den Nordinseln Svínoy und Fugloy 44 ist eine der schönsten Reiserouten auf den Färöern. Die Fahrt ist zwar nicht allzu lang, aber umso eindrucksvoller. Das Boot fährt oft nahe an den senkrechten Felswänden entlang, da hier das Meer etwas ruhiger ist. Papageitaucher schwirren flach über der Wasseroberfläche vorbei.

Bis 2010 schipperte die **Másin** („Silbermöwe“) durch die Fjorde, oft heftig auf den Wellen schwankend. Die zweieinhalbstündige Rundfahrt auf der kleinen Personenfähre, die 1959 in Tórshavn gebaut wurde, hinterließ wohl bei jedem Mitreisenden bleibende Eindrücke. Man fühlte sich wie auf einer Reise ans Ende der Welt, die durch eine archaische Landschaft führte.

2010 wurde die Másin durch die **Ritan** („Dreizehenmöwe“) ersetzt. Die Ritan wurde 1971 in Holland gebaut, sie ist größer als die Másin und schwankt dadurch deutlich weniger auf den Wellen. So ist die Seereise ein wenig angenehmer geworden, gleichwohl hat sie nichts von ihrem Reiz verloren.

› **Abfahrten:** Die Personenfähre Ritan fährt ganzjährig von Hvannasund auf Viðoy nach Svínoy (Fähranleger Svínoyareiði [F2] an der Westküste) sowie nach Kirkja und Hattarvík auf Fugloy und anschließend zurück. April–Aug. legt das Schiff tgl. um 8.45 und 14.45 Uhr in Hvannasund ab, Sept.–März Mo.–Sa. 8.45 und So. um 13 Uhr. Infos und weitere Abfahrtszeiten unter www.ssl.fo/en/timetable/ferry/58-hvannasund-hattarvik. Je nachdem, wie viele Waren auf den Inseln be- und entladen werden, dauert die gesamte Rundreise bei gutem Wetter etwa 2–2½ Std. Bei rauer See und wenn das Schiff nicht in Svínoyareiði anlegt, sondern beim Dorf Svínoy an der Ostküste, verlängert sich die Fahrt.

090fi-tt

lich vom Fischfang, Landwirtschaft ist wegen der gebirgigen Struktur nicht möglich. Im Gegensatz zu Svínoy, wo die Einwohnerzahl wieder leicht zugenommen hat, schrumpft die Bevölkerung hier, wohl auch wegen der bei Sturm und hohen Wellen nicht anfahrbaren Schiffsanlegeplätze. Im Rahmen einer **Bergwanderung**, die jedoch nur für trittsichere und trainierte Wanderer zu empfehlen ist, kann man herrliche Landschaften und Fernsichten genießen.

› **Fährverbindung:** s. S. 74 „Mit dem Postschiff zu den Nordinseln"

Unterkünfte

Die **Touristeninformation in Klaksvík** (s. S. 67) vermittelt **kleine Ferienhäuser** im Dorf Svínoy und in Hattarvík auf Fugloy für **Selbstversorger**, die ihren Proviant und alle Lebensmittel selbst mitbringen müssen, da es auf den Inseln **keine Einkaufsmöglichkeiten** gibt. Wer dort einige Tage verbringen möchte, sollte warme und wasserdichte Kleidung mitbringen, denn das Wetter kann selbst im Sommer richtig ungemütlich werden. In Kirkja auf Fugloy kann man in einem **Gästehaus** übernachten, das auch Verpflegung für seine Gäste anbietet:

› **Katalon á Kirkju** €€ <111> Kalavegur 6, Kirkja, Insel Fugloy, Tel. 226352

› **Campingplatz Svínoy** € <112> am nordöstlichen Ortsrand, geöffnet: April–Sept. Ein einfacher, nicht windgeschützter Rasenplatz für Zelte, der nur mit WC und Dusche ausgestattet ist.

Die Südinseln Sandoy, Skúvoy und Suðuroy

Die Südinseln Sandoy 45, Skúvoy 50 und Suðuroy 51 sind anders als die anderen Eilande der Färöer im Norden. Vielleicht liegt es daran, dass diese Inseln **weit weg von der Hauptstadt Tórshavn** mitten im Meer liegen. Auf die Südinseln zieht es **nicht viele Touristen.** Die Südinsulaner gelten als herzlicher als die Färinger auf den Inseln im Norden, die Bewohner zeichnen sich durch eine fast südeuropäisch anmutende Leichtigkeit aus.

45 Insel Sandoy ★★ [E6]

Die Überfahrt mit der **Fähre** von Gamlarætt [D5] auf Streymoy 13 nach Skopun 46 auf Sandoy dauert nur eine halbe Stunde. Unterwegs passiert das Schiff die kleine Insel **Hestur** [D5]. Diese Fährverbindung gibt es vermutlich nicht mehr allzu lange, denn Ende 2023 soll der neue **Unterseetunnel** (Sandoyartunnilin) fertig sein, der von Gamlarætt ins Traðardalur zwischen Skopun und Sandur 47 führt.

Die Klippen auf Sandoy sind nicht so hoch wie auf den anderen Inseln. Aber auch hier nisten **Seevögel** auf der Westseite des 411 m hohen **Eiriksfjall** [D6]. Der **Tindur** [E6] ist mit 479 m der höchste Berg des 112 km² großen Eilands.

Sandoy ist eine **liebliche, grüne Insel** mit sanft geschwungenen Hügeln, kleinen Seen und sogar einem **Strand** aus schwarzem Lavasand mit Dünen: **Sandsvágur.**

Als einzige Insel der Färöer lässt sich Sandoy bequem mit dem **Fahrrad** erkunden: Der Verkehr ist gering und die Steigungen sind moderat. Etwa 1260 Menschen leben auf Sandoy, die meisten davon in den beiden Dörfern Skopun und Sandur.

MEIN TIPP

Grottenkonzert

Das **Segelschiff „Norðlýsið"** fährt bei gutem Wetter von Tórshavn aus zur **Brandungshöhle Klæmintsgjógv** auf der **Insel Hestur** [D5], eine der größten ihrer Art auf den Färöern. Ein Grottenkonzert ist ein **eindrucksvolles Erlebnis,** denn in einer Brandungshöhle klingen schon wenige Instrumente wie ein großes Orchester – ganz zu schweigen vom menschlichen Gesang. Birgir Enni, ehemaliger Skipper des 1945 gebauten Segelschiffs „Norðlýsið", und Kristian Blak, Direktor des Musikfestivals Summartónar, hatten die Idee zu diesen außergewöhnlichen Klangwelten. Heute ist Frank Djurhuus Jakobsen Besitzer und Skipper der „Norðlýsið".

› Juni–Aug. jeden Mi. und So. mit dem Segler „Norðlýsið" (s. S. 89) ab Tórshavn, nur für Erwachsene ab 18 Jahren, Programm und Buchung: www.tn24.fo/de, Kosten: 1850 kr

Nachdem man bei Ausgrabungen in den Jahren 2006 und 2007 an der Küste bei Sandur auf Reste eines Langhauses aus der Wikingerzeit (8./9. Jh.) gestoßen war, ergaben weitere Untersuchungen von Gerstenkörnern in verkohltem Torf aufgrund der C-14-Datierung, dass dieser Platz bereits im 4. Jahrhundert besiedelt war. Damit sind sie die **ältesten Zeugnisse einer Ansiedlung auf den Färöern,** die somit schon lange vor der Ankunft der irischen Mönche und norwegischen Wikinger bewohnt war. Dieser Befund stellt die bisherige Geschichte über die Erstbesiedlung der Färöer im Jahr 650 infrage (s. S. 110).

› **Fährverbindung:** Die Fähre Teistin verkehrt tgl. alle 2 Std. von Gamlarætt [D5] nach Skopun auf Sandoy und zurück. Fahrtdauer: 30 Min. Infos und aktuelle Abfahrtzeiten unter www.ssl.fo/en/timetable/ferry/60-skopun-gamlaraett.

049fi-tt

46 Skopun ★ [D6]

Außer den bunten Häuschen mit ihren kleinen Gärtchen, einem Labyrinth aus Gassen und dem kleinen Hafen mit der Fischfabrik gibt es in Skopun nicht allzu viel zu sehen. Dennoch schaffte es der 1833 gegründete Ort einmal ins **Guinness-Buch der Rekorde.** Hier stand eine Zeit lang der **größte Briefkasten der**

[<] Auf dem Weg nach Sandoy 45 passiert die Fähre Teistin die kleine Insel Koltur [D5]

[>] Das kleine Dorf Sandur auf der Insel Sandoy

Welt, bis ein anderer ihm den Titel abnahm. Der hausgroße Briefkasten beim Sportplatz oberhalb des Ortes dient den Seeleuten noch heute als Orientierung. Ein Mensch könnte dort nur mithilfe einer langen Leiter einen Brief einwerfen, denn der riesige, blaue Kasten ist ganze 7,42 m hoch und 4,45 m breit.

Vor der Nordwestspitze der Insel liegt das Inselchen **Trøllhøvdi**, der „Trollkopf". Der Sage nach soll ein Troll einst ein dickes Seil um die Inseln Nólsoy 12 und Sandoy 45 geschlungen haben, um sie zusammenzuziehen. Leider hatte der Troll das Seil auch um seinen eigenen Hals geschlungen und als er es mit aller Kraft zog, enthauptete er sich selbst. Sein Kopf kullerte ins Meer und bildete eine kleine Insel.

› **Touristeninformation Visit Sandoy in Skopun** <113> am Hafen, https://visitsandoy.fo, geöffnet: Mo.–Fr. 12–16 Uhr

47 Sandur ★ [D6]

Von Skopun 46 an der Nordküste führt die **Straße 30** durch das für den Kartoffelanbau genutzte **Traðadalur** ins 8 km entfernte Sandur an der **Südküste.** Direkt am Meer steht eine alte **Holzkirche** aus dem Jahr 1838. Ihr weißes Türmchen kontrastiert auffallend mit den schwarz geteerten Wänden und dem grünen Grasdach. An dieser Stelle standen in der Vergangenheit bereits mehrere Kirchen, die älteste war eine norwegische Stabkirche, die um 1000 erbaut wurde. Sandur war schon im Jahr 800 von den **Wikingern** besiedelt, wie die Ausgrabungen der Wikingersiedlung Unðir Junkarinsfløtti in der Umgebung der Kirche belegen. Hier fanden Archäologen 1989 ein Grab mit dem Skelett einer Wikingerin. Nicht ganz so alt ist das 1812 erbaute Fischerhaus Norðari Koytu, in dem ein kleines Museum eingerich-

051fi ©Eydfinnur Olsen, stock.adobe.com

Die Sage von der Hexe Gívurin

Wo die Straße am westlichen Ortsrand von Sandur hinunter zur Küste bei Søltuvík führt, liegt links vom Weg ein **großer Felsbrocken.** Die Dorfbewohner haben diesen mit **bunten Strickereien** überzogen, welche die **Sage von der blinden Hexe Gívurin** erzählen. Ein Fremder soll die Hexe in ihrer Höhle auf dem Hügel Gívrinarhol dabei beobachtet haben, wie sie Gold in einer Mühle zu Staub mahlte. Er schlich sich in die Höhle, nahm das Gold an sich und galoppierte auf seinem Pferd davon. Doch die blinde Hexe bemerkte den Diebstahl und rief eine andere Hexe zu Hilfe. Diese verfolgte den Reiter mit Riesenschritten und holte ihn ein. Nach einem gewaltigen Sprung bekam sie kurz vor der Kirche den Schwanz des Pferdes zu fassen, sodass dieses stürzte und der Reiter in einem hohen Bogen zu Boden fiel. Er landete auf dem heiligen Grund der Dorfkirche und wurde so vor der Hexe gerettet. Der Fußabdruck der Hexe, den sie bei ihrem Absprung auf dem Felsen Gívrinarspor hinterlassen hat, soll heute noch zu sehen sein.

105fi-tt

tet wurde (**Sands Bygdasavn**). In der Nähe steht auch das sehenswerte Kunstmuseum **Listasavnið á Sandi.** Von Sandur fährt eine Personenfähre hinüber zur Insel Skúvoy 50.

Westlich von Sandur, am Ende der kleinen Straße, befinden sich die **Vogelklippen von Søltuvík.** Auf dem Weg dorthin kommt man am Ortsende an einem besonderen Ort vorbei, um den sich die **Sage von der Hexe Gívurin** rankt (s. links). Hinter dem kleinen See steht links neben der Straße eine große Tafel, die über die **örtliche Geologie** informiert. In der erstarrten Lava an der Küste kann man die **Abdrücke fossiler Baumstämme** entdecken. Am Ende des 5 km langen Schottersträßchens liegt ein Rastplatz. Hier erinnert ein Denkmal (ein Anker, den Taucher 2011 hoben) an den **Dampfer Principia,** der am 16.11.1895 auf seinem Weg von Schottland in die USA in Brand geriet, wendete und auf dem Rückweg nach Schottland bei schwerer See hier vor der Küste an einen Felsen stieß und sank. Nur eine Person, die sich an einer Ladeklappe festgeklammert hatte, konnte sich damals retten. Die Klappe dient heute in der Kirche von Kirkjubøur 14 als Tischplatte.

Läuft man vom Rastplatz ein Stück links entlang der Küste, kann man im Blick zurück die ganze **schroffe Westküste von Sandoy** überschauen. In der Umgebung von Sandur liegen zwei kleine Seen, die Angler anlocken. Besonders im Herbst ist der **Sandvatn** ein begehrter **Angelplatz,** wenn die Seeforellen aus dem Meer durch einen kurzen Bach zur Laichablage in das Gewässer wandern.

› **Listasavnið á Sandi** <114> Áarbøur 11, in der Nähe der Kirche, Tel. 211924, www.listasavnid.fo, geöffnet: Juni–Aug. Do.–So. 14–17 Uhr, Eintritt: Erw. 80 kr, Kinder bis 13 Jahre frei. Das Museum präsentiert die Kunstsammlung von Sofus Olsen (1914–2006), einem in Sandur geborenen Fischer. Olsen sammelte 50 Jahre lang Bilder und Skulpturen färöischer Künstler, ließ 2005 in seinem Geburtsort ein Museum erbauen und vermachte seine Kunstsammlung den Färingern. Ca. 120 Kunstobjekte von 30 Künstlern wie Sámal Joensen-Mikines, Janus Kamban, Ingálvur av Reyni und Díðrikur á Skarvanesi (1802–1865), dem ersten bekannten Maler der Färöer, sind in dem sehenswerten Museum ausgestellt.

› **Sands Bygdasavn** <115> in der Nähe der Kirche, geöffnet: Juni–Aug. tgl. 14–16 Uhr, Eintritt: Erw. 30 kr. Die Inneneinrichtung des ehemaligen Fischerhauses aus dem Jahr 1812 blieb originalgetreu erhalten, als der letzte Bewohner seine Bleibe 1938 verließ. Es veranschaulicht die Lebensverhältnisse der Färinger im 19. und frühen 20. Jh.

› **Touristeninformation Visit Sandoy in Sandur** <116> Mørkin Mikla, Tel. 222078, https://visitsandoy.fo, geöffnet: Mo.–Fr. 10.30–13.15 Uhr

48 Skarvanes ★ [E7]

Kurz hinter Sandur 47 gabelt sich die Straße. Das schmale, einspurige **Sträßchen 37** führt südlich an der Küste entlang nach Skarvanes. Von diesem einst pittoresken Weiler mit seinen kleinen Häuschen und dem Wasserfall hat man **einen der schönsten Ausblicke** auf die Färöer: Man sieht die vorgelagerte Insel Skúvoy 50, daneben liegen Stóra Dímun und Litla Dímun und ganz im Süden Suðuroy 51. Im 18. Jh. wohnte hier der Maler **Diðrikur á Skarvanesi**, dessen farbenfrohe Vogelbilder in der Nationalgalerie der Färöer 6 in Tórshavn hängen. Heute ist Skarvanes mit nur noch 10 Bewohnern ein **verlassenes Dorf**, doch einmal im Jahr seilen sich die Inselbewohner hier nach alter Tradition die Klippen hinunter, um Vogeleier und junge Trottellummen aus ihren Nestern zu nehmen.

49 Skálavík, Húsavík und Dalur ★ [E7]

Fährt man von Sandur 47 auf der **Straße 30** weiter nach Osten, erreicht man an deren Ende **Skálavík.** In dem von der Landwirtschaft geprägten Ort wurde **Heðin Brú** (1901–1987) geboren, einer der bekanntesten Schriftsteller der Färöer, dessen Kurzgeschichten oft in der Umgebung des Dorfes spielen. In der kleinen Dorfkirche sind die Schnitzereien des ortsansässigen Künstlers Tróndur á Trød sehenswert. Östlich von Skálavík kann man entlang der Küste eine aussichtsreiche **Wanderung** über grasbewachsene Berge zur 1,5 km entfernten **Landzunge Skálhøvdi** unternehmen.

Biegt man 2 km vor Skálavík auf die **Straße 35** ab, gelangt man nach **Húsavík**, ein Dorf mit einem kleinen Hafen. Dessen Molen sind von Tróndur Patursson mit Meerjungfrauen und anderen Figuren verziert worden. Im Mittelalter soll auf dem einstigen **Bauernhof Heimi á Garði** die reichste Frau der Färöer gelebt haben. Es wird berichtet, dass Guðrun Sjúrðardóttir, nachdem sie das goldene Horn des Wikingerhäuptlings Sigmundur Brestisson (s. S. 80) gefunden hatte, vom norwegischen König überreich belohnt wurde. So konnte sie das Land um ihren Hof und einen großen Teil von Shetland erwerben. Wenn man sich in Húsavík umsieht, kann man hinter der Fußgängerbrücke, die über einen kleinen Bach führt, noch **Reste des Bauernhofs** wie einen Steinfußboden und niedrige Steinmauern entdecken.

Á Breyt ist ein kleines Haus aus grauem Basalt, das vom 19. bis ins frühe 20. Jh. von armen Kleinbauern bewohnt war. Seine spartanische Inneneinrichtung spiegelt ihr karges Leben wider. Das Haus kann von außen besichtigt werden. In der Umgebung stehen mehrere 200 Jahre alte Lagerhäuschen, die aus Stein gebaut und mit Gras gedeckt sind.

Fährt man von Húsavík weiter an der Küste entlang nach Süden, gelangt man nach 5 km nach **Dalur,** ebenfalls ein kleines Dorf mit bunten Häusern und einem kleinen Hafen. Vom Ortsanfang lässt sich eine **Wanderung** nach **Skorin,** der **Südspitze von Sandoy** 45, unternehmen. Hier kann man in den Klippen unterhalb des 251 m hohen Berges Nakkur Seevögel beobachten und die herrliche Aussicht auf die Südinseln genießen.

Unterkunft, Essen und Trinken

- **Dalur Camping** € <117> an der Küste beim Sportplatz, geöffnet im Sommer. Mit Aufenthaltsraum, Dusche, Waschmaschine und Fernseher.
- **Gästehaus und Café Mølin** <118> Á Mølini, Skálavík, Tel. 508311, Gästehaus €€ ganzjährig geöffnet, Café €-€€ Fr., Sa. 12–23, Juli, Aug. auch So., Mo. 12–21 Uhr. Es gibt Kuchen, Torten, kleine Gerichte, Burger und ein Dreigängemenü. Abends finden gelegentlich Musikaufführungen mit Tanz statt.

50 Insel Skúvoy ★ [D7]

Auf der 10 km^2 großen Insel lebte um das Jahr 1000 der Wikingerhäuptling **Sigmundur Brestisson** (961–1005), der sich zum Christentum bekannte und vom norwegischen König Olav Tryggvason aufgefordert wurde, den christlichen Glauben auf den Färöern einzuführen.

Brestisson ließ auf den Färöern die erste Kirche bauen und **führte das Christentum ein.** Dies ging jedoch nicht ohne Widerstand vonstatten. Die **Färingersaga** (s. S. 110) berichtet, dass es zu Machtkämpfen zwischen Brestisson und seinem heidnischen Widersacher **Tróndur í Gøta** aus Eysturoy 22 kam, die Brestisson zu seinen Gunsten entschied. Trotzdem scheiterte er auf dem Thing, auf dem er erreichen wollte, dass alle Färinger zum Christentum übertreten und dem norwegischen König folgen. Vor dem nächsten Thing überfiel Brestisson den Hof Tróndurs und nahm seinen Gegner gefangen. Vor die Wahl gestellt, den christlichen Glauben anzunehmen oder getötet zu werden, ließ sich Tróndur bekehren. Daraufhin traten auch die übrigen Färinger zum Christentum über. Die Auseinandersetzungen zwischen den Sippen Brestissons und Tróndurs gingen jedoch auch danach weiter, bis schließlich beide Häuptlinge ihr Leben verloren.

Auf Skúvoy gibt es **keine Straßen,** aber reichlich einsame Natur und vor allem an der Nordküste viele Vögel. Doch die *skua,* **Raubmöwen,** nach denen die **Insel benannt** wurde, findet man allerdings nur noch selten. Dafür kann man Trottellummen, Papageitaucher, Tordalke, Eissturmvögel und Kormorane beobachten.

Die **Personenfähre Sildberin** stellt für die 30 Bewohner die Verbindung zur größeren Nachbarinsel Sandoy 45 her:

- **Fährverbindung:** Die Personenfähre Sildberin verkehrt April–Okt. tgl. ca. alle 2–3 Std. von Sandur 47 nach Skúvoy und zurück. Fahrtdauer: 35 Min. Infos und aktuelle Abfahrtzeiten unter www.ssl.fo/en/timetable/ferry/66-sandur-skuvoy.

106fi-tt

51 Insel Suðuroy ★★ [D9]

Suðuroy, die mit einer Länge von 30 km und einer Breite von 5 km größte Südinsel, ist mit einer Fläche von 164,7 km² die **viertgrößte Insel der Färöer.** Man sollte sie **nur besuchen,** wenn man **mehrere Tage** Zeit hat. Die Überfahrt von Tórshavn mit der **Fähre Smyril** dauert zwar normalerweise rund zwei Stunden, widriges Wetter kann die Fahrzeit aber verlängern oder die Rückfahrt sogar um Tage verzögern. 2023 soll mit dem Bau des 22,5 km langen **Suðuroyartunnilin** (Sandoy 45–Suðuroy) begonnen werden, der nach seiner voraussichtlichen Fertigstellung im Jahr 2030 einer der längsten Tunnel der Welt sein wird.

Wie Sandoy 45 ist auch Suðuroy weniger bergig als die Nordinseln. Dennoch ist der **Gluggarnir,** der höchste Berg der Insel, 610 m hoch. Mehrere Fjorde, die tief ins Land hineinreichen, zergliedern die Insel. Über 4650 Menschen leben ständig auf Suðuroy. **Tvøroyri** 52 ist die Hauptstadt.

› **Fährverbindung:** Die Autofähre Smyril verkehrt Mo., Mi., Do. dreimal, Fr., Sa. zweimal und Di., So. einmal am Tag von Tórshavn nach Tvøroyri auf Suðuroy und zurück, Fahrzeit: bei gutem Wetter ca. 2 Std., Fahrpreis: Erw. 80 kr, Pkw 225 kr. Der Fähranleger befindet sich in Krambatangi bei Drelnes [E9] auf der Westseite des Trongisvágsfjørður, ca. 4 km westlich von Tvøroyri. Infos und aktuelle Fahrzeiten unter www.ssl.fo/en/timetable/ferry/7-tvoroyri-torshavn. Keine Vorabreservierung notwendig, man kommt mit dem Auto einfach zum Fähranleger.

Der Leuchtturm bei Akraberg auf der Insel Suðuroy

52 Tvøroyri ★ [E9]

Tvøroyri, die **Hauptstadt von Suðuroy** 51, liegt an der Ostküste des Fjords **Trongisvágsfjørður.** Die **viertgrößte Stadt der Färöer** hat 1750 Einwohner, die hauptsächlich von der Fischindustrie leben. Die Einwohner hofften lange, dass die Ölindustrie hier investiert, sollte das Schieferöl, das im Meer südlich der Färöer entdeckt wurde, einmal gefördert werden. Da die Lagerstätte in großer Tiefe liegt und massiver Fels durchbohrt werden müsste, wäre die Förderung allerdings extrem aufwendig und möglicherweise unrentabel, sodass diese Pläne bislang nicht realisiert wurden.

Umgeben von 300 m hohen Bergen erstreckt sich das Stadtgebiet über 2,5 km entlang eines flachen Küstenabschnitts. Nach **Hvannhagi**, einem Talkessel an der Nordküste, führt Wanderung 4 (s. S. 95).

1836 hatte die Gesellschaft des Handelsmonopols (s. S. 111) in Tvøroyri eine Außenstelle, mit der die Produktion von Klippfisch überwacht wurde. Die Auflösung des Handelsmonopols im Jahr 1856 gab der Fischerei neuen Schwung und dank einer großen Fischfabrik, die bis heute in Betrieb ist, setzte in der Stadt ein wirtschaftlicher Aufschwung ein.

Der **Tvøravegur** nördlich vom Hafen ist die **Haupteinkaufsstraße** der Stadt. Hier lohnt sich ein Bummel durch die vielen kleinen Läden. Es gibt **mehrere Übernachtungsmöglichkeiten** und gute Adressen zum Einkehren. Aus dem ältesten Haus von Tvøroyri, dem 1852 erbauten **Doktorhaus**, wurde ein sehenswertes **Museum.**

Unweit des **Fähranlegers** auf der Westseite des Fjords wurde das alte Salzsilo von Drelnes [E9] zu einem Kultur- und Konzerthaus mit einem Café umgebaut (SALT Sound, Art & Live Theatre). Das Silo wurde 1938 von einem französisch-färöischen Unternehmen erbaut, das darin bis in die 1980er-Jahre Salz aus Ibiza lagerte. Auf den ersten Blick sieht das dunkle, zylindrische Gebäude mit seinem Turm aus wie eine große, moderne Kirche.

› **Doktorhaus in Tvøroyri (Tvøroyrar Bygdar- og Sjósavn)** <119> Doktaragøta 5, Tel. 250055, östlich neben Bónus-Supermarkt in der Ortsmitte, geöffnet: normalerweise Juni–Aug. Mo.–Fr. 9–16 Uhr, da aber nicht immer geöffnet ist, am besten in der Tourist-Info (s. u.) nachfragen. Das 1852 erbaute stattliche Holzhaus mit seinem Grasdach war früher eine Arztpraxis. Heute befindet sich darin ein Heimatmuseum, das mit historischen Schwarz-Weiß-Fotografien die Geschichte der Stadt und die Entwicklung der Fischerei dokumentiert. Auch Gegenstände aus dem Alltagsleben sind ausgestellt, wie ein alter Fußballschuh aus dem Jahr 1926 oder die erste Schreibmaschine der Färöer von 1910.

› **SALT – Sound, Art & Live Theatre** <120> Drelnes 22, Tel. 285770, www.salt.fo, Öffnungszeiten Café SALT: Do.–Sa. 11–17, So. 14–17 Uhr

Infos und Reisetipps

› **Touristeninformation Visit Suðuroy in Tvøroyri** <121> Tvørávegur 37, Tel. 611080, www.visitsuduroy.fo, geöffnet: Mo.–Fr. 9–16 Uhr

Unterkünfte

› **Bed & Breakfast Suðuroy** €€€ <122> Ovari Vegur 12, am nordöstlichen Ortsrand, Tel. 284403. Familiäre Unterkunft mit kleiner Gemeinschaftsküche.

› **Hotel Tvøroyri** €€€ <123> Miðbrekkan 5, Tel. 371171, ganzjährig geöffnet. Einfaches Hotel in der Ortsmitte, schlichte Zimmer mit Dusche/WC und Fernseher.

Essen und Trinken

› **Café Glasstovan** € <124> Doktaragøta, Tel. 790064, geöffnet: Mo.–Fr. 12–18, Sa. 11–18 Uhr. Neben Kuchen gibt es auch Burger und andere kleine Gerichte.

› **Café MorMor** € <125> Undir Heygnum 38, Tvøroyri, Tel. 287810, geöffnet: Mai–Sept. Mi.–So. 11–18, im Winter Sa., So. 11–18 Uhr. Die zwei Stockwerke des vielbesuchten Cafés sind in Erinnerung an die ehemalige Besitzerin des Hauses, die „Großmutter" (färöisch *mormor*)

genannt wurde, im Stil der 1970er-Jahre eingerichtet. Man sitzt umgeben von allerlei Nippes wie Utensilienkästen mit Streichholzschachteln, Schallplatten, alten Kleidern, Pelzen und vielem mehr.

Einkaufen

- **Alkoholladen (Rúsdrekkasøla Landsins) in Drelnes** <126> Trongisvágsvegur 20, Trongisvágur, nördlich Drelnes, www.rusan.fo, geöffnet: Mo.-Do. 13-17.30, Fr. 12-17.30, Sa. 10-14 Uhr
- **Bónus Tvøroyri** <127> Tvørárvegur 8, Tvøroyri, geöffnet: Mo.-Sa. 9-22 Uhr
- **Gallarí Oyggin** <128> Sjógøta 184, Tel. 371669, geöffnet: Mo.-Do. 14-18, Fr.-So. 13-18 Uhr. Der 1944 in Kopenhagen geborene Künstler Palle Julsgart zog 1985 auf die Färöer, wo er die Kunstgalerie Oyggin eröffnete, in der er seine eigenen Werke und die anderer färöischer Künstler ausstellt und verkauft. Die Bilder und Skulpturen Palles sind reich an Farben und haben meist die Landschaften der Färöer zum Thema. Der Künstler veranstaltet auch Kurse für angehende Künstler, die jeweils acht Tage dauern und inklusive Unterkunft und Verpflegung 15.000 kr kosten. Die Kunstgalerie ist von einem großen Garten und einem Gewächshaus umgeben, in dem exotische Pflanzen wachsen.

53 Hvalba ★★ [D8]

Westlich von Trongisvágur, am Ende des Trongisvágsfjørður, gabelt sich die Straße. Die neue **Straße 34** führt rechts durch einen Tunnel direkt nach Hvalba. Die alte Straße, die die Nummer 29 bekam, verläuft geradeaus im Tal des Flusses Stórá zum ältesten Straßentunnel der Färöer. Der 1450 m lange, einspurige **Hvalbiartunnilin** wurde 1963 mitten durch den Berg gegraben. Vor dem Südeingang des Tunnels führt links in südwestlicher Richtung ein 2,7 km langer Stichweg zur **Kohlegrube von**

Mein Tipp

Die Kohlegruben von Hvalba und Rangabotnur

1780 begann in den Bergen südlich von Hvalba 53 der Kohleabbau. Auf einer Fläche von 20 km² durchziehen zahlreiche Stollen die Berge, von denen inzwischen aber etliche eingestürzt sind. Mitte der 1950er-Jahre wurden jährlich bis zu 18.000 t der hier vorkommenden, minderwertigen **Braunkohle** gefördert. Auch heute wird noch Kohle gewonnen, etwa 1000 t im Jahr, die jedoch nur für den heimischen Gebrauch genutzt werden. Die Bergleute werden von der Stadt Tvøroyri 52 bezahlt. Die Kohlegruben [D9] können im Rahmen einer **Führung** besichtigt werden. Nähere Auskünfte erteilt die **Touristeninformation Visit Suðuroy in Tvøroyri** (s. S. 82) – hier kann man sich auch **anmelden.**

091fi-tt

Mit einem Hund auf Schienen – so bezeichneten Bergarbeiter einen vierrädrigen Kastenwagen – und mit Ponys wurde früher die Kohle aus den Gruben von Hvalba gefördert

Merkið, die Nationalflagge der Färöer

Mit dem Beginn der Unabhängigkeitsbewegung auf den Färöern Ende des 19. Jh. wurde der Ruf nach einer eigenen Nationalfahne lauter. Auf Volksversammlungen wurden Flaggen gehisst, die einen Austernfischer oder einen Widder zeigten. 1919 beschlossen die drei färöischen Studenten Jens Oliver Lisberg, Janus Øssurson und Thomas Pauli Dahl, die zu dieser Zeit in Kopenhagen studierten, eine Flagge der Färöer im Stil der nordischen Kreuzfahnen zu entwerfen. Die Fahnen Islands und Norwegens mit den Farben Weiß, Rot und Blau dienten als Vorlage. Lisberg soll die Entscheidung getroffen haben: ein blau umrandetes, rotes Kreuz auf weißem Grund. Als er 1919 auf die Färöer reiste, nahm er die Fahne mit. Sie wurde erstmals im Juni 1919 in seinem Heimatort Fámjin (54) bei einem Gottesdienst gehisst. Doch es sollte noch Jahrzehnte dauern, bis die „Studentenfahne“ offiziell anerkannt wurde. Lisberg erlebte dies nicht mehr, er starb 1920. Sein Grab befindet sich auf dem Friedhof von Fámjin.

Im Zweiten Weltkrieg verboten die Briten, dass färöische Schiffe mit der Fahne des besetzten Dänemarks beflaggt waren und ermutigten die Kapitäne, ihre eigene Fahne zu hissen. Am 25. April 1940 wurde die „Studentenfahne“ offiziell zur Nationalfahne der Färöer. Seitdem ist der 25. April der Tag der Flagge und ein Feiertag. Die Nationalfahne der Färöer wird schlicht Merkið („Fahne“) genannt. Das Original ist in der Kirche von Fámjin zu sehen.

052fi-tt

Rangabotnur. Das Mundloch ist verschüttet, doch die Reste der Gleise, ein altes Drehkreuz und die ehemalige Verladestation sind noch zu sehen. Am Nordende des Tunnels führt ein Fahrweg in nordöstlicher Richtung zu den **Kohlegruben von Hvalba** (s. S. 83).

Danach erreicht man den breiten Hvalbiarfjørður und den **Ort Hvalba.** Durch Kohleabbau und Fischerei war Hvalba früher ein wichtiger Ort und Anfang des 19. Jh. nach Tórshavn sogar die zweitgrößte Siedlung der Färöer. Mit knapp über 600 Bewohnern ist Hvalba für färöische Verhältnisse auch heute noch bedeutend.

Vor der Küste erkennt man die 0,8 km² große, unbewohnte Insel **Lítla Dímun** [E8] und nördlich davon das von einer Familie bewohnte, 2,6 km² große Eiland **Stóra Dímun** [E8].

1629 überfielen 500 **algerische Piraten** mit drei Schiffen Hvalba und plünderten den Ort. 30 Frauen und Kinder, deren Männer kein Lösegeld bezahlen konnten, wurden entführt, um sie in Nordafrika als Sklaven zu verkaufen. Doch die Sklavenschiffe kenterten im Fjord. Insgesamt 300 Leichen trieben an Land, die später am Strand beerdigt wurden. Die sogenannten **Turkagravir („Türken-**

gräber“) befinden sich an der Straße nach Nes [E10]; ein **Schild** mit der Aufschrift „Turkagravirnar“ weist auf die Stelle hin.

54 Fámjin ★★ [D9]

Fámjin liegt an der Westküste etwa in der Mitte der Insel. Das Dorf hat ca. 80 Einwohner und ist vermutlich **allen Färingern bestens bekannt.** Von hier stammt nämlich die **Nationalflagge der Färöer** (s. S. 84) und seit dem Abschluss des **Vertrags von Fámjin** (s. S. 114) im Jahr 2005 bestimmen die Färöer ihre Außenpolitik selbst.

Fámjin ist ein **schmuckes Dorf** mit bunten Häusern. Der zersiedelte Ort liegt umgeben von grünen Bergen unterhalb des **Sees Kirkjuvatn.** Das Original der färöischen Nationalflagge ist in der 1875 erbauten **Kirche** ausgestellt. Der Kirchenbau besteht aus weiß gekalktem Stein und trägt ein schwarzes Schieferdach. Die Kirche ist meistens verschlossen; im Café kann man nachfragen, wer den Schlüssel hat.

55 Vágur ★ [E10]

Wie Tvøroyri 52 erlebte auch Vágur, mit rund 1370 Einwohnern die **zweitgrößte Stadt Suðuroys** 51, nach der Abschaffung des Handelsmonopols (s. S. 111) einen wirtschaftlichen Aufschwung durch den Fischfang, den man an den stattlichen Häusern erkennt. In der 1939 geweihten **Kirche** erinnert eine 2,14 m hohe Bronzestatue an den Pfarrer und Bibelübersetzer **Jákup Dahl** (s. rechts). Die Statue wurde 1978 von Janus Kamban geschaffen. Im ehemaligen Schulhaus widmet sich ein **Museum** den Werken der Malerin Ruth Smith.

Nördlich des Ortes führen schöne, kleine Wege durch einen der **größten Wälder der Färöer:** Der 3 ha große **Viðarlundin á Vági** wurde 1956 angelegt. Westlich des Ortes liegt ein kleiner See, der **Vágsvatn.** Ein reizvoller Fußweg führt am Ufer entlang durch die nur 1 km breite Landenge an die oft wellenumtoste **Westküste** bei Vágseiði. Vom 19. bis zum Beginn des 20. Jh. befand sich hier der Hafen von Vágur. Ein Denkmal mit Fischern erinnert daran.

› **Ruth Smith Savn** <129> Vágsvegur 101, Tel. 573044, geöffnet: Juni–Mitte Aug. Mi., Fr., Sa. 15–17 Uhr. Das Museum ist im ehemaligen Schulhaus untergebracht, einem großen Holzhaus mit gelbem Steinsockel. Es zeigt Bilder der Malerin Ruth Smith (1913–1958), die in Vágur geboren wurde.

KURZ & KNAPP

Der Theologe Jákup Dahl

Jákup Dahl (1878–1944) wurde in Vágur 55 geboren und starb in der Hauptstadt Tórshavn. Er studierte in Kopenhagen Theologie, wurde **Pfarrer, Religionslehrer** und später **Probst** der Färöer. Dahl **lehrte auf Färöisch** und setzte sich über das Verbot hinweg, dass Färöisch nicht als Unterrichtssprache in der Schule verwendet werden durfte. Auch forderte er, dass die Muttersprache der Insel in der Kirche gesprochen wird. Er übersetzte Teile der Bibel ins Färöische, dichtete eigene Psalmen in seiner Muttersprache und verfasste 1908 eine färöische Grammatik für Schüler. Aufgrund seiner Bemühungen und Erfolge gilt er bis heute als wichtiger **Wegbereiter für die Verbreitung der färöischen Sprache.**

Infos und Reisetipps

› **Touristeninformation Visit Suðuroy in Vágur** <130> Vágsvegur 57, Tel. 239390, www.visitsuduroy.fo, geöffnet: Mo. 10–18, Di.–Fr. 10–16, Sa. 10–14 Uhr

Unterkunft/Essen und Trinken

- **Campingplatz Vágseiðið** € <131> Eiðisvegur 21, Tel. 239390, westlich Vágur an der Küste, geöffnet: April–Sept. Der größte Campingplatz der Färöer ist gut ausgestattet mit Wohnmobilstellplätzen, Duschen, Küche und Aufenthaltsraum.
- **Gästehaus Brim** €€ <132> Vágsvegur 78, Tel. 787876. Schlicht eingerichtete, helle Zimmer mit Dusche/WC – und zum Frühstück gibt's selbstgebackenes Brot.
- **Hotel Bakkin** €€ <133> Vágsvegur 69, in der Ortsmitte, Tel. 250444, https://hotelbakkin.fo. Das von außen unscheinbare, graue Haus verfügt über einfache, skandinavisch-schlicht eingerichtete Zimmer. Gut ist das Essen im Restaurant €-€€. Es gibt abends ab 18 Uhr Pizza, Burger, Steaks und wechselnde Menüs.

Einkaufen

- **Torgið** <134> Vágsvegur 62, Tel. 612096, geöffnet: Mo.–Fr. 10–17.30, Sa. 10–13 Uhr. Kleines Einkaufszentrum in der Ortsmitte mit Supermarkt, Bäckerei-Café im EG, im 1. OG weitere Läden.

56 Lopra ★ [E10]

Lopra und das ein Stück weiter südlich liegende Sumba 57 sind die **südlichsten Orte auf Suðuroy** 51. Knapp 350 Menschen leben hier scheinbar abgeschieden von der übrigen Welt.

Lopra ist eine relativ **junge Siedlung.** Sie wurde erst 1834 im Zuge der Ansiedlung einer Fabrik zur Verarbeitung von Großwalen gegründet, die bis Mitte des 20. Jh. in Betrieb war. Heute ist von der Walfangstation nichts mehr zu sehen.

Bei **Lopranheiði** an der Westküste der Landenge ereignete sich am 2. September 1742 ein denkwürdiges **Schiffsunglück.** Das Segelschiff „Westerbeek" der Dänischen Ostindien-Kompanie verlor in dichtem Nebel die Orientierung und kollidierte mit der Steilküste. Der gebrochene Mast neigte sich bis an die Felswand, sodass die überlebenden Seeleute über ihn auf einen Felsvorsprung klettern konnten. Am nächsten Morgen konnten einige Mitglieder der Crew die steile Felswand erklimmen und Hilfe holen. 80 Seeleute überlebten damals das Unglück. Einige von ihnen blieben auf den Färöern und heirateten einheimische Frauen.

Südlich von Lopra bei **Beinisvørð** nisten zahlreiche Seevögel in den 469 m hohen **Steilklippen der Westküste.** Die Landschaft aus grünem Grasland und schroffen Felsen ist hier besonders pittoresk.

57 Sumba ★ [E10]

In **Sumba,** der **südlichsten Gemeinde der Färöer,** wurde der Dichter **Poul Frederik Joensen** (1898–1970) geboren. Wegen seiner bissigen Satiren, in denen er Politiker und geistliche Würdenträger verspottete, war er gehasst, seine Liebesgedichte und Balladen hingegen fanden großen Zuspruch.

Archäologische Funde und die Reste von Ackerterrassen weisen darauf hin, dass Sumba **der älteste Ort der Färöer** sein könnte, der schon lange vor den Wikingern **von irischen Mönchen** besiedelt wurde. Vermutlich betraten um das Jahr 625 die ersten Möche aus Irland die Insel. Der Name Sumba ist keltischen Ursprungs und bedeutet **„Südbucht".**

Noch weiter südlich, wo die Straße 96 endet, liegt **Akraberg,** der **südlichste Punkt** der Färöer. Auf dem 80 m hohen Kap wurde 1909 ein 14 m hoher **Leuchtturm** erbaut, der bis heute den Schiffen als Orientierung dient. Östlich des Kaps wurden Reste von Ackerterrassen entdeckt, die vermutlich von den irischen Mönchen angelegt wurden.

DIE FÄRÖER AKTIV

053fi-vfi©visitfaroeislands.com

055fi-vfi©Ólavur Frederiksen/visitfaroeislands.com

Baden und Strandleben

Bedingt durch die nördliche Lage der Färöer im kalten Atlantik gibt es an der Küste **so gut wie keine Bademöglichkeiten.** Das Wasser ist einfach zu kalt. Die Färinger und vor allem Familien mit Kindern nutzen jedoch die wenigen warmen und windstillen Tage, um in sandigen Buchten in der Sonne zu liegen und einen **Hauch von Strandleben** zu genießen. Solche Buchten mit **kleinen Sandstränden** gibt es beispielsweise auf **Sandoy** 45 und an der Küste **bei Tórshavn.**

Vorseite: Adrenalinkick beim Rappelling (s. S. 100)

Wassersport

Surfen, Segeln und Bootfahren

In Tjørnuvík 21 auf Streymoy 13 und Húsavík 49 auf Sandoy 45 kann man **Wind- und Kitesurfen.**

Bedingt durch den unberechenbaren Wind und starke Strömungen sind die Gewässer um die Färöer nur für **hochseetaugliche Segelboote** geeignet. Wer sich ein kleines Segelboot ausleihen möchte, um in Küstennähe zu segeln, fragt am besten in den **Touristeninformationen** (s. S. 123) nach, ob es einen örtlichen Bootsverleiher gibt.

Ein seltener Anblick: belebter Strand in einer Bucht bei Tórshavn

In der Hauptstadt **Tórshavn** sind **Kanu- und Kajakfahrten** möglich. **Motorboote** können in größeren Häfen wie Tórshavn und Klaksvík (38) geliehen werden, auch hier hilft die Touristeninformation weiter.

Organisierte Bootsausflüge werden in den Sommermonaten in vielen Küstenorten offeriert. Auf Streymoy (13) starten sie hauptsächlich in Tórshavn und Vestmanna (17), auf Vágar (31) in Sørvágur (34), auf Borðoy (37) in Klaksvík und auf Suðuroy (51) in Tvøroyri (52) und Vágur (55). Der **Traditionssegler Norðlýsið** und das **Segelschiff Enniway** legen in Tórshavn ab und bieten neben Sightseeingtouren auch kulinarische Segeltörns an. Von Klaksvík aus sticht das **Segelschiff Dragin** in See.

› **Dragin.** Der 22,4 m lange Dreimaster wurde 1945 in Kopenhagen gebaut. Termine u. Buchung von Ausflugsfahrten in der Touristeninformation in Klaksvík (s. S. 67).

› **Enniway,** Tel. 217463, www.enniway.com. Auf dem in Dänemark erbauten Segler werden Törns von einem Tag bis zu einer Woche rund um die Färöer angeboten.

■ **Havnar Kajakforening** <135> Álaker, Tórshavn, Tel. 223592. Kajaktouren an der Küste zwischen Viðarnes und Sandagerði südlich vom Alten Hafen.

› **Norðlýsið,** Tel. 321945, www.tn24.fo/de. Skipper Frank Djurhuus Jakobsen segelt mit dem 1945 in Tórshavn erbauten Zweimaster entlang der Küste zu den schönsten Plätzen der Färöer, zu Vogelklippen und zur Brandungshöhle Klæmintsgjógv auf Hestur (s. Grottenkonzert S. 76).

Tauchen und Schnorcheln

Im sauberen Meer um die Färöer-Inseln kann man das ganze Jahr über tauchen und schnorcheln. Die Sicht reicht unter Wasser meist zehn bis 15 Meter weit. Die durchschnittliche **Wassertemperatur** liegt im Sommer bei etwa 10 °C und im Winter bei 7 °C. In den Gewässern der Färöer liegen zahlreiche **Schiffswracks.** In Tiefen zwischen fünf und zwölf Metern kann man bei Elduvík (25) auf Eysturoy (22) durch dichte **Kelpwälder** tauchen. Die 2–3 m langen Stängel dieser Braunalgen mit ihren blattartigen Wedeln sind Lebensraum und Kinderstube für Fische, Seeigel, Seesterne, Muscheln und Schnecken. Es ist ein unvergessliches Erlebnis, durch einen solchen **Unterwasserurwald** zu schweben.

› **Faroe Dive** <136> Vágsheygsgøta 38, Klaksvík, Tel. 218929, www.faroedive.fo. Janus Joensen bietet das ganze Jahr über Tauchkurse und geführte Tauchgänge an, die vorwiegend rund um die Tauchbasis in Klaksvík stattfinden, aber auch an die Küsten anderer Inseln führen. Die Tauchausflüge kosten pro Person zwischen 1520 und 1990 kr. Die Ausrüstung wird gestellt. Ein Schnupperkurs kostet 695 kr. Wer schon einen Tauchschein hat, kann auch nur die Tauchausrüstung leihen (440 kr/Tag).

056fi-tt

⊡ *Wettrudern mit voller Kraft beim beim St. Olavsfest (s. S. 104)*

Wandern

Alle Inseln der Färöer bieten **spektakuläre Wandererlebnisse** mit vielen herrlichen Ausblickspunkten. Breite, bequeme und gut beschilderte Wanderwege sind aber sehr selten. Man wandert überwiegend auf **Naturpfaden**, die oft nicht einfach zu begehen sind und vielfach **lückenhaft** mit Steinmännchen, Farben an Felsen oder Holzpfosten **markiert** sind. Die Pfade besitzen teilweise längere steile und abschüssige Abschnitte, sie können mit losem Gestein bedeckt, felsig oder holprig sein. Viele Wege führen durch **Grasland** – diese werden bei Nässe schnell **rutschig.** Orientierungssinn, Trittsicherheit, körperliche Fitness und auch **Schwindelfreiheit** sind Voraussetzung für Wanderungen auf den Färöern. Für **kleine Kinder** sind viele Wege nicht geeignet.

Selbst bei Trockenheit und Sonnenschein sollte man immer für einen **Wetterumschwung** und **kalten Wind** gerüstet sein. **Warme, wetterfeste Kleidung** gehört deshalb immer in den Wanderrucksack, ebenso Proviant zur Stärkung und viel zu Trinken, denn **Einkehrmöglichkeiten und Schutzhütten** gibt es unterwegs **keine.** Bei Wanderungen im Spätherbst und Winter muss beachtet werden, dass von November bis Dezember sonntags die Jagd auf Hasen erlaubt ist, wodurch Wandergebiete **gesperrt** sein können.

In den Touristinformationen ist die **kostenlose Broschüre** „Wandern auf den Färöer Inseln“ erhältlich, in der die schönsten Wanderungen ausführlich beschrieben sind.

Wandern in wilder Natur gehört auf den Färöern zum Programm

054fi-vfi©Gabriel Nivera/visitfaroeislands.com

Wanderung 1: Von Tórshavn nach Kirkjubøur

Die Wanderung beginnt am südwestlichen Stadtrand von Tórshavn am Kirkjubøarvegur. Südlich geht es in den Velbastaðvegur. Kurz darauf

- **Charakter:** einfache Wanderung auf Naturpfaden
- **Länge:** 7 km
- **Dauer:** 2 Std.
- **Startpunkt:** südwestlicher Stadtrand von Tórshavn an der Straße 12 (Kirkjubøarvegur), wo der Velbastaðvegur in südlicher Richtung abzweigt
- **Zielpunkt:** Straße 57 am nordwestlichen Ortsrand von Kirkjubøur 14
- **Höhenunterschied:** 130 m
- **Einkehr:** unterwegs keine Möglichkeit, daher sollte man Proviant und Wasser mitnehmen
- **Anfahrt:** mit dem Auto, Rückfahrt mit dem Stadtbus Linie 5 (Haltestelle beim Parkplatz hinter dem Königsbauernhof)

0
500 m
Tórshavn
Marknagilsvegur
Velbastaðvegur
Velbastaðvegur
Kirkjubøarvegur
Sandá
100
150
200
250
300
350
Tvørfelli
Kirkjubøreyn
Velbastaður
Kirkjubøarvegur (Straße 57)
Gamlarætt
< Hestur
< Skopun
Kirkjubøur

zweigt die Straße **Við Sandá** ab, quert das **Tal des Flusses Sandá** und passiert einen **Bauernhof.** Danach steigt der Weg an und verläuft durch unbewohntes Land. **Steinpyramiden** leiten den Wanderer auf der 7 km langen Strecke. Unterwegs eröffnet sich eine **wunderbare Aussicht** auf die Inseln Vágar 31, Koltur und Hestur [D5] sowie Sandoy 45.

Nach dem ersten Drittel des Wegs kommt man westlich des 351 m hohen **Bergs Kirkjubøreyn** an **Reynsmúlalág** vorbei, einem terrassenförmigen Felskessel mit zwei kleinen Seen, der an ein Amphitheater erinnert. Wegen der guten Akustik werden hier seit Mitte des 19. Jh. Volksversammlungen abgehalten. Danach verläuft der **aussichtsreiche Wanderpfad** nahezu geradeaus in südlicher Richtung. Kurz vor Kirkjubøur 14 mündet er in die **Straße 57**, auf der man links in den Ort gelangt. Dort kann man sich vor der **Rückfahrt mit dem Bus** den **Magnusdom**, die weiße **St.-Olavs-Kirche** und den **Königsbauernhof** ansehen.

Wanderung 2: Rundwanderung von Saksun über Haldarsvík und Tjørnuvík

Startpunkt dieser Rundwanderung ist das **Freilichtmuseum Dúvugarðar** 20 in **Saksun** 19. Zunächst geht man nach Westen bis zum Ende der Straße **Hvalvíksvegur** beim **Bauernhof.** Von dort ist der Pfad mit **Steinmännchen** markiert. Anfangs führt der Weg etwa 400 m steil den Berghang hinauf bis zum Fuße des 764 m hohen **Bergs Melin.** Hier **gabelt** sich der Wanderweg. Weiter geht es **rechts** in östliche Richtung. Der Saksunarvegur führt durch das Skipádalur aufwärts zur Passhöhe Víkarskarð und danach hinunter nach **Haldarsvík** 21. Das letzte Stück des Weges führt oberhalb der Schlucht des Bachs Kluftá entlang.

Von Haldarsvík geht es in nördlicher Richtung auf der **Küstenstraße 54** am **Sundini** entlang bis nach **Tjørnuvík** 21. **Steinmännchen** leiten den Wanderer vom südwestlichen Ortsende den steilen Weg hinauf zum Osthang des 692 m hohen Bergs **Heyggjurin Mikli** und weiter zur 522 m hohen **Passhöhe Tjørnuvíks-**

- **Charakter:** Diese anspruchsvolle Wanderung bietet sich für eine Tagestour an, ist aber nur für trainierte Wanderer empfehlenswert. Sie verläuft auf schmalen, zum Teil steilen und bei Nässe rutschigen Pfaden.
- **Länge:** gesamte Strecke 20 km, 8 km bei Ausstieg in Haldarsvík 21
- **Dauer:** gesamte Strecke 8–9 Std., bis Haldarsvík 3,5 Std.
- **Start- und Zielpunkt:** Freilichtmuseum Dúvugarðar 20 in Saksun 19
- **Höhenunterschied:** 500 m
- **Einkehr:** unterwegs keine Möglichkeit, daher sollte man sich Proviant und Wasser mitnehmen
- **Anfahrt:** Saksun ist nur mit dem Auto erreichbar (kein Busanschluss). Wer ab Haldarsvík oder Tjørnuvík wandert, gelangt mit den Bussen 400 (Umstieg in Oyrarbakki) und 202 dorthin. Linie 202 verkehrt nicht häufig (vorab die Abfahrtszeiten prüfen). Wer nur die Teilstrecke bis Saksun wandert, muss die Rückfahrt individuell organisieren, d. h. sich privat oder per Taxi abholen lassen.

Wasserfall in der Bucht von Saksun 19

Wanderung 2
0
1 km
© Reise Know-How 2023
Eiði
Sundini
Tjørnuvík
100
200
300
400
500
600
700
Hægstfjall
Heyggjurin
Mikli
Húgvan
Melin
Víkartindur
Haldarsvík
Lómfelli
Vatnfelli
Gásafelli
Gífrufelli
Saksun

057fi-tt

skarð. Von dort folgt man dem Pfad westlich am Berg Melin vorbei bis zu der bereits erwähnten **Weggabelung.** Ab hier verläuft der Rückweg wie der Hinweg steil hinunter nach Saksun.

Wanderung 3: Besteigung des Slættaratindur

Von der Passhöhe des 392 m hohen **Eiðiskarð** an der Straße 61 zwischen Eiði 23 und Gjógv 24 führt hinter dem Zaun ein **ausgetretener Pfad** in nördlicher Richtung die steile Bergflanke hinauf.

Anfangs kann man sich an den **kleinen Pfosten** orientieren, welche die Gemeindegrenze zwischen Eiði und Funningur [D2] markieren. Dann schwenkt der Pfad nach links und **Steinmännchen** leiten den Wanderer weiter über **steile Geländestufen,** die bis auf das Gipfelplateau hinaufführen. Das letzte Stück muss man ein wenig kraxeln. Schließlich steht man, umgeben von Dutzenden von Steinmännchen, auf dem **höchsten Berg der Färöer.**

Bei gutem Wetter genießt man vom Gipfel einen weiten **360-Grad-Rund-**

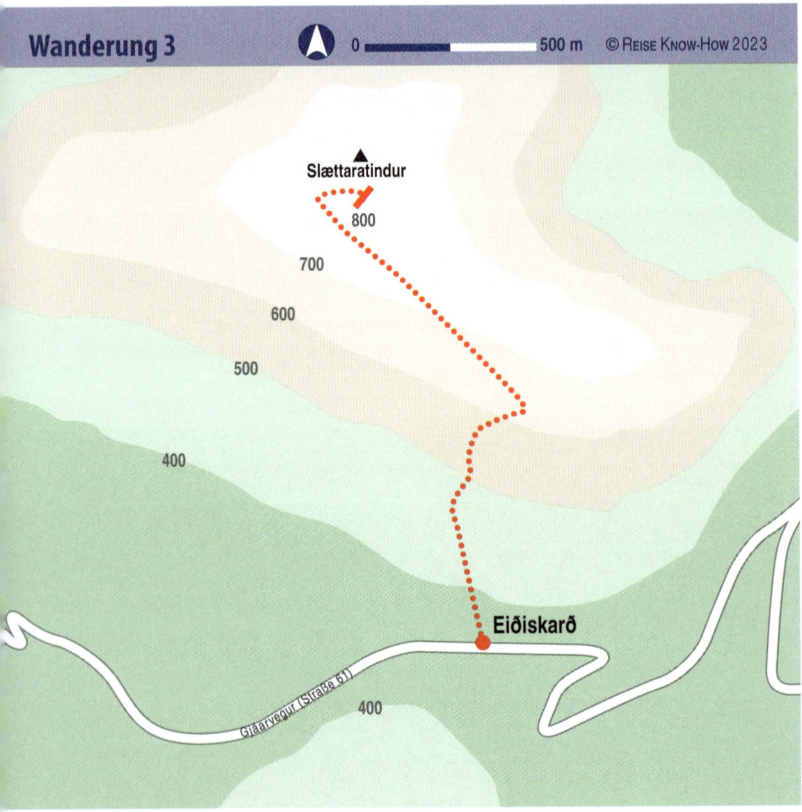

093fi-tt

umblick über die Inselwelten der Färöer und nach Norden in das **grüne Ambatal.** Der **Rückweg** verläuft auf demselben Weg. Bei Nässe kann der Abstieg rutschig sein.

- **Charakter:** Anspruchsvolle Bergwanderung auf Naturpfaden. Die Besteigung des 882 m hohen Slættaratindur erfordert Kondition und stellenweise auch Trittsicherheit. Deshalb sollte man genug Zeit einplanen.
- **Länge:** 6 km (hin und zurück)
- **Dauer:** 3 Std.
- **Start- und Zielpunkt:** Passhöhe Eiðiskarð an der Straße 61 zwischen Eiði 23 und Gjógv 24. Hier gibt es einen Parkplatz.
- **Höhenunterschied:** 490 m
- **Einkehr:** Unterwegs keine Möglichkeit, daher sollte man sich Proviant und Wasser mitnehmen.
- **Anfahrt:** nur per Auto möglich

Wanderung 4: Von Tvøroyri nach Hvannhagi

Vom Krankenhaus in Tvøroyri 52 führt die Straße **Sjúkrahúsbrekkan** hinauf zum **Ovari vegur,** auf dem man, links abbiegend, ca. 1,5 km in Richtung Trongisvágur bis zu einem **Zaun** wandert. Dort folgt man der **Beschilderung nach Hvannhagi** noch ein Stück geradeaus.

Ein **steiler, grasbewachsener Pfad** führt dann rechts hinauf auf einen Bergrücken, von dem man eine **herrliche Aussicht** in Richtung Norden genießt: Man erblickt die Insel Sandoy 45 und die beiden kleinen Eilande Litla Dímun und Stóra Dímun. Danach erreicht man bei der Felskante **Grindin** den oberen Rand der bis zu 259 m hohen **Felswände,** von dem man hinab in den grünen Felskessel von **Hvannhagi** und nach rechts in die enge **Schlucht Hundagjógv** schaut. Hvannhagi ist ein besonderer Ort. Geologisch interessant ist er wegen der Felsstürze und Lawinen-

- **Charakter:** Anspruchsvolle Wanderung auf Naturwegen mit vielen Aussichtspunkten. Für kleine Kinder ist sie nicht geeignet.
- **Länge:** 6 km
- **Dauer:** 3 Std.
- **Start- und Zielpunkt:** Krankenhaus in Tvøroyri 52 auf der Insel Suðuroy 51
- **Höhenunterschied:** 230 m
- **Einkehr: Café Glasstovan** in Tvøroyri (s. S. 82)
- **Anfahrt:** mit der Fähre nach Suðuroy

Oftmals hüllen tief hängende Wolken den Slættaratindur, den höchsten Berg der Färöer, ein

abgänge, die sich vor etwa 1000 Jahren ereigneten. Der talähnliche Grund des Kessels ist mit saftigem Gras bewachsen, weshalb hier viele Schafe weiden.

Ein Stück weiter nordwestlich sieht man den kleinen, runden **See Hvannavatn** idyllisch in fast unberührter Natur vor sich liegen, doch seit Hvannhagi als besonders schönes Wanderziel ausgezeichnet wurde, kommen immer mehr Färinger und Touristen dorthin. Der **Abstieg** auf dem schmalen Pfad hinunter zum See ist steil und stufig und kann bei Nässe rutschig sein.

Nach einer Rast am Ufer des flachen Sees geht es auf weglosem Gelände den Trittspuren folgend in südöstlicher Richtung hinauf zur **Schlucht Frostgjógv.** Der Weg durch die enge Schlucht ist sehr steil und man kann auf dem losen Gestein leicht ins Rutschen kommen.

Am Ende der Schlucht erreicht man einen **Schafpferch.** Oberhalb davon quert ein schmaler Pfad in östlicher Richtung den breiten Hang und trifft dahinter wieder auf den Hinweg. Auf demselben Weg, auf dem man gekommen ist, gelangt man in südöstlicher Richtung bergab **zurück nach Tvøroyri.**

Wanderung 5: Von Miðvágur zum Wasserfall Bøsdalafossur

Die Wanderung von Miðvágur 32 zum Wasserfall Bøsdalafossur 33 und zum Kap Trælanípa ist auf eigene Faust und **im Rahmen einer geführten Tour** möglich. Von April bis Anfang November werden tägliche Wanderungen mit örtlichen Guides angeboten. Die Tour kostet 450 kr für Erwachsene und Jugendliche über 14 Jahre sowie 100 kr für Kinder von 6 bis 14 Jahren. Buchung auf der Website www.tralanipan.fo.

Wer auf eigene Faust wandert, muss am Parkplatz an der Straße südlich von **Miðvágur** eine **Hiking-Gebühr** von 200 kr bezahlen. Kinder bis 14 Jahre sind frei. Der Parkplatz ist zugleich der Ausgangspunkt der ca. 7 km langen Wanderung.

Aus Gründen des **Naturschutzes** ist die Wanderung nur noch in der vorgegebenen Richtung erlaubt, da der Weg am Seeufer gesperrt wurde. Hin- und Rückweg sind folglich gleich. Der Weg verläuft oberhalb des Sees **Sørvágsvatn** 33, auch bekannt als Leitisvatn. In den Felsen um das Gewässer soll das **Huldufólk** wohnen. Normalerweise verstecken sich diese sagenhaften „verborgenen Wesen" vor den Menschen, doch manche behaupten, dass der eine oder andere ein solches Wesen tatsächlich gesehen hat. Es soll sich um elfenartige, groß gewachsene, grau gekleidete Leute mit schwarzem Haar handeln, die zauberkundig sind. Im Sommer kann man hier viele Vögel beobachten.

Kurz vor dem Südende des Binnengewässers steigt der Weg bis zum 142 m hohen **Kap Trælanípa** an. Von diesem Aussichtspunkt kann man die Inseln Koltur und Hestur [D5], dahinter die Südspitze von Streymoy 13, Sandoy 45, Skúvoy 50 und am Horizont Suðuroy 51 erkennen. Die Wikinger sollen früher ihre Leibeigenen von dem Kap ins Meer gestoßen haben, sobald sie zum Arbeiten zu alt waren. Trælanípa bedeutet übersetzt „Sklavenklippe". Entlang der Küste gelangt man in westlicher Richtung zum Südende des Sees.

Hier stürzt der Seeabfluss, der Bach Bøsdalaá, im Wasserfall **Bøsdalafossur** 33 30 m tief ins Meer. Oberhalb dieses Atlantik-Wasserfalls kann man den Bach auf Trittsteinen überqueren. Auf der anderen Seite gelangt man hinter dem kleinen See bergauf in Richtung Westküste zu einem Aussichtspunkt, von dem man einen schönen Blick auf die vorgelagerten Vogelinseln und die Klippen von Geituskonrardrangur hat. Der Abstecher dorthin ist etwa 1 km lang (Hin- und Rückweg). Einen markierten Weg gibt es nicht.

Anschließend geht es zurück zum Wasserfall, man überquert nochmals den Seeabfluss und wandert auf demselben Weg wieder zurück.

- **Charakter:** einfache Wanderung auf Naturwegen
- **Länge:** 7 km
- **Dauer:** 3 Std.
- **Start- und Zielpunkt:** westlich der Kirche von Miðvágur 32 an der ersten Straße (Hornavegur) von der Straße 11 nach Süden abbiegen, dann rechts auf die Heiðagøta und links auf die Lágagøta, wo sich der Parkplatz befindet
- **Höhenunterschied:** 100 m
- **Einkehr:** Unterwegs keine Möglichkeit, daher sollte man sich Proviant und Wasser mitnehmen.
- **Anfahrt:** mit dem Auto oder Bus 300 bis Haltestelle Miðvágur

096fi-tt

Wanderung 5
0
500 m
© Reise Know-How 2023
Miðvágur
Leitisvegur (Straße 11)
50
100
150
200
250
300
Søvágsvatn (Leitisvatn)
Middagsfjall
Ritubergsnøva
Geituskonrardrangur
Wasserfall
Bøsdalafossur
Kap Trælanípa

Weitere Aktivitäten

Angeln und Hochseeangeln

Zum Angeln in den **Binnengewässern** wie den Seen Leynarvatn, Saksunarvatn, Toftavatn und Sandvatn wird ein **Angelschein** benötigt, der in der jeweiligen **Touristeninformation** der Insel (s. S. 123) und manchmal auch in der nächstgelegenen **Tankstelle** erhältlich ist. In Bächen darf nur von Mai bis August geangelt werden.

Im **Meer** kann man ohne Genehmigung angeln. Wer sein eigenes Boot mitbringt und von diesem aus im Meer fischen möchte, braucht jedoch eine **Genehmigung.** Mitgebrachte Angelausrüstung muss nicht offiziell desinfiziert werden. Der Benutzer muss selbst dafür sorgen, dass seine Angelgeräte sauber und ansteckungsfrei sind.

In den Küstengewässern kann man von Mai bis September vor allem **Dorsch, Schellfisch, Seelachs, Leng** und mit etwas Glück sogar **Heilbutt** angeln.

- **GreenGate** <137> Niels Winthers Gøta 5, Tórshavn, Tel. 350520, www.greengate.fo. Der Anbieter vermittelt halb- und ganztägige Bootsfahrten zum Hochseeangeln sowie weitere Touren.
- › **Hochseeangeln mit dem Motorboot Blástein,** Insel Streymoy, Tel. 581582, www.fishingwithblastein.com. Das Boot Blástein liegt im Hafen von Vestmanna vor Anker. Magni Blástein kennt die besten Plätze zum Hochseeangeln in Küstennähe. Buchbar sind Halb- und Ganztagestouren.
- › **Seatravel in Sørvágur** <138>, Bakkavegur in Sørvágur, Tel. 794100, www.seatravel.fo. Der Veranstalter bietet ab Tórshavn und Sørvágur 34 Bootstouren zum Hochseeangeln an. Eine Tagestour kostet 3500 kr, eine zweistündige 995 kr.

Radfahren

Radfahren ist auf den Färöern **nur auf öffentlichen Straßen und Wegen erlaubt.** Offroad mit dem Mountainbike zu fahren, ist verboten, um die Vegetation zu schützen. Es besteht zwar keine gesetzliche Verpflichtung zum Tragen eines Fahrradhelms, zur eigenen Sicherheit ist es aber besser, mit **Helm** zu fahren. Bedingt durch die gebirgige Topografie der Inseln, die engen, kurvenreichen und steilen Straßen, die langen, zum Teil unbeleuchteten und unbelüfteten Tunnel (schädliche Autoabgase und entgegenkommender Verkehr!) und vor allem das **Fehlen von Radwegen** sind die Färöer nicht gerade ideal zum Radfahren. Dennoch trifft man immer wieder auf Reisende, die das Land per pedales erkunden.

Auf der Internetseite https://visitfaroeislands.com/de/radfahren sind **Tipps zum Radfahren** enthalten. Auch die Website des Anbieters Rent a Bike in Tórshavn enthält alle wichtigen Infos für Radtouren auf den Färöern. Hier können auch **geführte Touren** gebucht und Räder ausgeliehen werden. Gegenüber vom TUTL-Musikshop (s. S. 33) in Tórshavn befindet sich eine öffentliche **Ladestation für E-Bikes.**

- **Rent a Bike** <139> Sverrisgøta 20, Tórshavn, Tel. 270600. Ein City-E-Bike oder normales Mountainbike kostet 430 kr/Tag, ein E-Mountainbike 530 kr/Tag. Bereits ab dem zweiten Tag gibt es einen deutlichen Rabatt.

Eine urwüchsige Umgebung erwartet den Wanderer auf der Wanderung am See Sørvágsvatn 33

Zum Radfahren gut geeignet ist neben Tórshavn auch die **Insel Sandoy** 45. Hier gibt es kaum Autoverkehr, gute Straßen und eine herrliche, grüne Landschaft. Obwohl es dort keinen offiziellen Fahrradverleih gibt, vermieten Privatleute Räder (Nachfragen in der Tourist-Info, s. S. 77).

Rappelling

Rappelling bedeutet **„Abseilen"**. Das klingt zwar harmlos, aber Rappelling ist **Nervenkitzel pur**, ein aufregendes Erlebnis mit Gänsehautgarantie für Schwindelfreie und sportlich Trainierte. Gut gesichert an einem Seil und den Kopf mit einem Helm geschützt, wird man teils kletternd, teils frei schwebend an senkrechten Klippen herabgelassen. Die Färöer eignen sich für diesen Sport besonders gut. Rappelling wird hier eigentlich schon seit der Besiedlung betrieben, nur hieß es früher noch nicht so. Die Färinger nennen es **„Siging"**. Seit jeher hangeln sich junge Färinger während der Brutzeit der Seevögel die Meeresklippen hinunter, um deren Eier zu sammeln. Auf der **Vogelinsel Mykines** 36 wird dies heute noch praktiziert.

Rappelling wird auf der Insel **Vágar** 31, im Westen Sandoys und bei **Hvalba** 53 auf Suðuroy angeboten. Die **Touristeninformationen** (s. S. 123) vermitteln geführte, fünf- bis sechsstündige **Rappelling-Touren**, auf denen die nötige Ausrüstung gestellt wird und sich erfahrene Instruktoren um die Sicherheit der Teilnehmer kümmern.

KURZ & KNAPP

Das Färöerpferd

Das Färöerpferd *(føroysk ross)* ist mit dem **Islandpferd** verwandt, gilt aber als **eigenständige Rasse.** Es ist zwar kleiner als das Islandpferd, aber ebenso robust, genügsam und an die rauen Witterungsverhältnisse auf den Färöern angepasst. Wohl deshalb wurden zwischen 1850 und 1920 viele färöische Pferde nach Großbritannien verkauft, wo sie in den Kohlegruben schwere Wagen ziehen mussten. Wie das Islandpferd beherrscht auch das färöische Pferd **fünf Gänge:** Schritt, Trab, Galopp, Pass und Tölt. Wahrscheinlich brachten irische Mönche im 7. Jh. und Wikinger im 9. Jh. die Vorfahren dieser Pferderasse auf die Inseln. Durch Kreuzungen mit Shetlandponys, norwegischen Fjordpferden und isländischen Pferden verschwanden die charakteristischen Merkmale der Ursprungsrasse allmählich, sodass es heute kaum noch reinrassige Färöerpferde gibt. 1960 stand das Färöerpferd kurz vor der Ausrottung, und auch heute sind die noch etwa 80 Exemplare zu wenig, um die Rasse sicher erhalten zu können.

Reiten

Reiten ist auf den Färöern nicht so verbreitet wie in Island. Vorwiegend auf den Inseln **Streymoy** 13 und **Vágar** 31 werden jedoch **geführte Reitausflüge auf Färöerpferden** angeboten. Die Touristeninformationen von Tórshavn (s. S. 29) und Vágar (s. S. 60) geben weitere Infos und vermitteln die Touren. Hier einige **empfehlenswerte Anbieter:**

- **Berg Hestar** <140> Oyggjarvegur 59, Tórshavn, Tel. 316896, www.berghestar.com. Geführte Reittouren und Bed and Breakfast auf einem Bauernhof am westlichen Stadtrand von Tórshavn.
- **Davidsen Hestar** <141> Miðvágur, Insel Vágar, Tel. 210737. Joan Hendrik Davidsen bietet auf Vágar geführte Reitausflüge an.

DIE FÄRÖER ERLEBEN

063fi-vfi©Kristfríð Tyril/visitfaroeislands.com

Feste und Folklore

In den **Sommermonaten** von Juni bis August finden auf den Färöern zahlreiche **Inselfeste** mit Ruder- und Laufwettbewerben sowie **Musikfestivals** statt. Die **Grottenkonzerte** in den Brandungshöhlen bei Klæmintsgjógv auf Hestur (s. S. 76) und Vestmanna (s. S. 44) bescheren Musikliebhabern ein besonderes Klangerlebnis. Im **Winter** wird an wechselnden Orten und Terminen **Jazz und Blues** gespielt. Ein aktueller **Veranstaltungskalender** ist auf der Website der Tourismuszentrale unter http://visitfaroeislands.com/whats-on/events abrufbar.

- **Mitte April: Handarbeitsfestival (Bindifestivalur)** in Fuglafjørður 27. Das auf die Strickkunst Nordeuropas ausgerichtete Festival ist ein überregionales kulturelles Ereignis mit Musikveranstaltungen, Vorträgen und Workshops. Auch wer kein Färöisch spricht, wird sich auf dem Festival zurechtfinden, denn viele Nordeuropäer verständigen sich auf Deutsch oder Englisch. Infos: www.bindifestival.com.
- **Anfang Mai: Ein dagur á grynnuni** ist ein Fest am Hafen in Tórshavn, an dem der maritimen Ressourcen gedacht wird und kulinarische Kostproben von allem, was an Essbarem im Meer vorkommt, angeboten werden. Hier sind die Färinger weitgehend unter sich. Man trifft sich mit Freunden und Bekannten und genießt das Sehen und Gesehenwerden.
- **Ende Mai/Anfang Juni: Norðoyarstevna (Nordinselfest)** in Klaksvík 38
- **Anf. Juni–Ende August: Summartónar Festival.** In den Sommermonaten verspricht dieses große Musikfestival mit rund 150 Konzerten verschiedener Stilrichtungen abwechslungsreiche Unterhaltung. Es wird vom Verband der färöischen Komponisten organisiert und findet in verschiedenen Orten auf den Inseln statt. Komplettes Veranstaltungsprogramm unter www.composers.fo.
- **2. Juniwochenende: Country- und Bluesfestival** in Sørvágur 34, Infos: www.country.fo
- **2. Juniwochenende:** Inselfeste **Eystanstevna** in Runavík 30 und **Fjarðastevna,** das in geraden Jahren in Vestmanna 17 und in ungeraden Jahren abwechselnd in Strendur [E4] (2023) und Skála [E3] (2025) stattfindet.
- **3. Juniwochenende: Sundalagsstevna,** abwechselnd in Hvalvík 18 oder Hósvík [D4] am Fjord Kollafjørður
- **4. Juniwochenende: Jóansøka (Südinselfest),** in geraden Jahren in Vágur 55, in ungeraden in Tvøroyri 52
- **4. Samstag im Juni: Voxbotn,** zwölfstündiges Nonstop-Popkonzert am Westhafen (Vestaravág) 3 in Tórshavn
- **Ende Juni/Anfang Juli:** Inselfest **Sandoyarstevna** auf Sandoy 45
- **1. Juliwochenende: Sonnwendfeier** an der Quelle Varmakelda [E3]
- **1. Juliwochenende: Varmakeldustevna.** Alle zwei Jahre (2023, 2025 ...) findet dieses Volksfest bei Fuglafjørður statt. Im Mittelpunkt stehen die Ruderwettkämpfe um die nationale Meisterschaft.
- **2. Juliwochenende: Vestanstevna (Westinselfest)** abwechselnd in Sørvágur, Miðvágur und Sandavágur 32
- **Mitte Juli: G! Festival.** An einem Wochenende zur Monatsmitte wird am Strand von Syðrugøta (Gøta 29) eine wilde färöische Inselparty mit jungen nationalen und internationalen Musikgrößen gefeiert. Für Essen und Trinken ist gesorgt. Näheres unter www.gfestival.fo.

Bands und Partystimmung beim G! Festival am Strand von Syðrugøta

Vorseite: Konzerte finden auf den Färöern häufig statt

060fi-vfi©Ólavur Frederiksen/visitfaroeislands.com

- **3. Samstag im Juli: Tórsfest,** großes Freiluftkonzert und Straßenparty in Tórshavn eine Woche vor dem St. Olavsfest
- **28. und 29. Juli: Ólavsøka (St. Olavsfest).** Wenn am **Nationalfeiertag** das Parlament in Tórshavn feierlich eröffnet wird, tanzt am Stadtplatz Vaglið buchstäblich der Bär. Die Färinger versammeln sich in ihren Trachten, singen und tanzen den traditionellen Ringtanz. In einer Prozession ziehen die Stadtoberen durch Tórshavn. Mehr zum historischen Kontext und Ablauf des Festes: s. S. 104.
- **August:** Inselfest **Ovastevna** auf Nólsoy 12
- **1. Augustwochenende: Summar Festivalur (Sommerfestival)** in Klaksvík, ein Musikfestival mit internationalen und färöischen Popmusikern. Es ist das größte Open-Air-Konzert auf den Färöern, das jährlich rund 12.000 Besucher anlockt. Der aktuelle Veranstaltungstermin, die auftretenden Musiker und Bilder von früheren Konzerten können unter http://summarfestivalur.com abgerufen werden.
- **Adventszeit und Weihnachten:** Die Innenstadt von Tórshavn ist festlich beleuchtet. Am Stadtplatz Vaglið wird ein großer Weihnachtsbaum aufgestellt, der Weihnachtsmann zündet die Lichter an und viele Färinger wohnen diesem Event bei. Es gibt einen Weihnachtsmarkt, statt Glühwein werden aromatische alkoholfreie Heißgetränke angeboten. Am letzten Samstag vor Weihnachten legt das Weihnachtsschiff im Westhafen an. Dem alten Schoner entsteigen viele Weihnachtsmänner, die von einem Blasorchester empfangen werden und Süßigkeiten an die Kinder verteilen.

Feiertage

Außer den üblichen **christlichen Feiertagen** wie Ostern, Christi Himmelfahrt, Pfingstmontag und Weihnachten gibt es auf den Färöern folgende Feiertage:

- 1. Januar: **Neujahr (Nýggjársdagur)**
- 25. April: **Tag der Flagge (Flaggdagur)**
- Ende April/Anfang Mai: **Buß- und Bettag (Dýri biðidagur)** – variabler Feiertag, immer am 4. Freitag nach Ostern (2023: 5. Mai, 2024: 26. April, 2025: 16. Mai)
- 5. Juni: **Tag des Grundgesetzes (Grundlógardagur Danmarkar)**
- 28. Juli: **Vorabend des St. Olavstags (Ólavsøka)**
- 29. Juli: **St. Olavstag (Nationalfeiertag)**
- 31. Dezember: **Silvester**

Ólavsøka (St. Olavsfest): der Nationalfeiertag der Färinger

Historischer Hintergrund

Das St. Olavsfest wurde nach dem norwegischen König Olav II. Haraldsson (995–1030) benannt, der am 29. Juli 1030 in der Schlacht von Stilklestad fiel. Olav war ein Nachkomme von Harald Schönhaar, dem ersten König Norwegens. Harald wollte ganz Norwegen, das damals noch aus vielen kleinen Herrschaftsbereichen bestand, unter dem christlichen Glauben vereinen. Auch Olav hatte dieses Glaubensziel, jedoch auch mächtige Widersacher. Deshalb floh er 1028 aus Norwegen an den Hof von Nowgorod zu einem Schwager. 1030 soll König Olav in einem Traum dazu aufgefordert worden sein, nach Norwegen zurückzukehren und für seine Vision zu kämpfen.

Der isländische Skalde Snorri Sturlason berichtet in der St.-Olav-Sage von Wundern, die rund um König Olav und sein Grab geschehen sein sollen. Olav wurde dafür von seinen Anhängern verehrt. Sie erreichten beim Bischof, dass sein Grab nach einem Jahr noch einmal geöffnet wurde. Dabei soll Olav ausgesehen haben, als schliefe er. Seine Haut war noch immer rosig, Haar und Nägel hatten nicht aufgehört zu wachsen. Daraufhin wurde König Olav als Märtyrer heiliggesprochen. Heute ist er der Schutzheilige Norwegens. Obwohl Olav II. in anderen Ländern weitgehend in Vergessenheit geriet, gedenken die Färinger seiner mit einem zweitägigen Nationalfeiertag rund um seinen Todestag.

061fi-tt

Ablauf des Festes

Ein großer Festumzug, das letzte Wettrudern des Sommers um die Landesmeisterschaft, politische Versammlungen und Konzerte bestimmen den Ablauf. Zu dem Fest kommen Färinger von den Nachbarinseln und sogar aus dem Ausland nach Tórshavn. Viele sind in ihrer traditionellen Tracht gekleidet. Sehen und gesehen werden, Freunde treffen und Neuigkeiten austauschen heißt die Devise. Das Fest findet jedes Jahr am 28. und 29. Juli statt, zeitgleich wird das Parlament feierlich eröffnet. Das konkrete Programm der beiden Festtage ändert sich zwar von Jahr zu Jahr, der prinzipielle Ablauf bleib aber weitgehend gleich:

Beim St. Olafsfest tragen die Färinger häufig Trachten

062fl-tt

Am **28. Juli** wird das Olavsfest um 14 Uhr mit einer Parade der Sportler, die am Ruderwettbewerb teilnehmen, eröffnet. Um 15 Uhr findet im Osthafen das Wettrudern statt. Danach werden um 17 Uhr in der Stadt verschiedene Ausstellungen eröffnet, um 18 Uhr beginnen Fußball- und Handballspiele und ab 21 Uhr wird getanzt.

Der **29. Juli**, der St. Olavstag, beginnt um 11 Uhr mit einer Prozession der Parlamentarier, Geistlichen und Honoratioren der Stadt vom Stadtplatz Vaglið zur Stadtkirche Havnar kirkja. Nach dem Gottesdienst ziehen sie zurück zum Stadtplatz. Um 13 Uhr wird das Løgting (Parlament) mit einer Regierungserklärung des Løgmadur (Premierministers) eröffnet. Um 14 Uhr begibt sich eine Reiterprozession vom Stadtplatz zur Rennbahn, wo Pferderennen stattfinden. Wer daran nicht teilnimmt, bleibt in der Stadtmitte und tanzt und singt in der Gemeinschaft bis spät in die Nacht. Die ausgelassene Stimmung dieser Festtage wird durch das „ólavsøku gull", ein speziell für diesen Anlass gebrautes Festbier, noch verstärkt.

Zwei junge Färingerinnen schwenken die Nationalflagge bei der Abfahrt der Fähre

Die Färöer kulinarisch

Die Kochkunst der Färöer ist einzigartig und schmeckt ausgezeichnet! Die Färinger sind wegen der Abgeschiedenheit ihrer Heimatinseln seit jeher auf **heimische Zutaten** angewiesen und haben gelernt, in ihrer Küche das zu verwenden, was Land und Meer hergeben. Es wird gegessen, was um einen herum wächst und lebt. Dabei ist auch eine ordentliche Prise Kreativität gefragt. Die heute viel gepriesene **nordische Küche** gab es auf den Färöern schon lange, bevor sie bei uns bekannt wurde. Sie ist frisch, gesund und fettarm, verwendet vorwiegend regionale und saisonale Zutaten, die meist kurz und knackig gegart werden. Färöische Naturprodukte sind allesamt bio und von bester Qualität. Da viele Ingredienzien in Mitteleuropa nicht erhältlich sind, ist es jedoch schwierig, färöische Rezepte zu Hause nachzukochen.

Wegen des **kühlen Klimas** gedeiht auf den Färöern **kaum Gemüse und Obst.** So greift man auf lokale Alternativen zurück: So ersetzen beispielsweise die säuerlichen Blätter des **Löffelkrauts** das fehlende Gemüse. Zum Würzen eignen sich **Wildkräuter**, die in dem rauen Klima nur langsam wachsen und deshalb besonders viele Nährstoffe speichern. Auch **Seetang** findet häufig Verwendung.

Rhabarber gedeiht gut, auch **Kartoffeln** und **Steckrüben** können angebaut werden. Rhabarbergrütze ist ein beliebtes Dessert, das Frühstücksbrot wird mit Rhabarbermarmelade bestrichen, man kann aus Rhabarber eine Suppe kochen, Wein keltern und Bier brauen. Anders als unser heimischer Rhabarber enthält der färöische fast keine Oxalsäure und ist deshalb sehr bekömmlich.

Das **Meer** liefert Dorsch, Hering, Heilbutt, Seeteufel, Schellfisch, Makrele, Lachs, Meeresschnecken, Muscheln, Hummer und Tiefseekrabben. Fangfrischer **Hummer,** der auf einem heißen Stein mit Wildkräutern in einer kleinen Schale gedünstet wird, ist ein kulinarisches Erlebnis für den Gaumen!

Fisch und das **Fleisch von Schafen** werden bis heute auf traditionelle Art in der salzhaltigen Luft getrocknet und haltbar gemacht. *Skerpikjöt,* luftgetrocknetes Lammfleisch, ist jedoch wegen seines strengen Geschmacks nicht jedermanns Sache. Man kocht die Köpfe von Schafen und Lämmern auch komplett in Salzwasser: Schafsköpfe werden heiß gegessen, Lammköpfe kann man auch kalt genießen. Wie bei uns werden auf den Färöern zudem Kühe, Gänse und Hühner gehalten. Auf den Tisch kommt ferner **Federvieh** wie Möwen, Eissturmvögel, Trottellummen und Papageitaucher. *Fyltur lundi* bezeichnet gebratenen Papageitaucher in Mehlteig, gefüllt mit Rosinen. Früher sicherten **Grindwale** (s. S. 42) das Überleben der Menschen, heute wird deren schadstoffbelastetes Fleisch nur noch von wenigen gegessen.

Rein **vegetarische Restaurants** gibt es bislang nicht auf den Färöern. Vor allem die besseren Restaurants bieten aber zumindest ein vegetarisches Gericht auf ihrer Speisekarte an. Notfalls muss man nachfragen, ob ein solches zubereitet werden kann.

Färöisches **Leitungswasser** ist trinkbar. In vielen Restaurants und Cafés wird den Gästen kostenlos Wasser gereicht. Das **färöische Bier** ist erstklassig, doch außer dem Wasser müssen die meisten Zutaten importiert werden. Es gibt zwei Brauereien: Die größte ist **Föroya Bjór** (s. S. 66) in Klaksvík 38. In Velbastaður braut Okkara den Gerstensaft. **Bier mit Rhabarber- und Engelwurz** ist eine färöische Spezialität. Es schmeckt leicht säuerlich und ist im Sommer mit süßem Sprudel verdünnt ein idealer Durstlöscher.

Restaurants und Cafés sind in den Innenräumen **rauchfrei.**

Früher waren **Trinkgelder** auf den Färöern nicht üblich. Mit dem zunehmenden Tourismus fand das Trinkgeld aber seinen Weg auf die Inseln. In einem guten Restaurant kann man den Rechnungsbetrag aufrunden, wenn man mit dem Essen und der Dienstleistung zufrieden war. In Bars und Cafés oder im Taxi kann man den Angestellten einen kleinen Obolus von 20 kr zukommen lassen. Auch Tourguides freuen sich über ein Trinkgeld.

In den gehobenen Restaurants in Tórshavn empfiehlt es sich, vorab telefonisch oder online einen Tisch zu **reservieren.**

107fi-tt

Was wo kaufen?

Die **Hauptstadt Tórshavn** mit ihrer **kleinen Fußgängerzone** ist die wichtigste Einkaufsstadt der Inseln. **Áarvegur** und **Niels Finsens gøta** sind die Haupteinkaufsstraßen. Das Warenangebot ist jedoch bei Weitem nicht so üppig wie in mitteleuropäischen Städten. Die **Supermärkte** sind viel kleiner und am Stadtrand gibt es keine riesigen Einkaufszentren. In der Stadtmitte befindet sich das **SMS-Einkaufszentrum** (s. S. 33).

Klaksvík 38 ist die **Haupteinkaufsstadt der Nordinseln.** Ansonsten gibt es in fast allen größeren Orten **kleine Lebensmittelgeschäfte**, in denen man auch andere Dinge des täglichen Bedarfs wie Körperpflegeartikel, Töpfe oder Werkzeug bekommt. **Bónus** (www.bonus.fo) ist der **Lebensmittel-Discounter** der Färöer. Die Filialen der Kette sind in der Regel Mo.–Sa. 9–22 Uhr geöffnet. Alkoholische Getränke sind teuer und dürfen nur in **staatlichen Alkoholläden** an Erwachsene verkauft werden, denn der Staat besitzt hier ein Verkaufsmonopol (Rúsdrekkasøla landsins, Infos: https://rusan.fo).

Färöische **Wollwaren** und andere **Souvenirs** kauft man am besten in einem der **Handarbeitsgeschäfte („heimavirki")**, die es in vielen Orten gibt, z. B. Føroya Heimavirkisfelag in Tórshavn (s. S. 32) und Norðoya Heimavirki in Klaksvík (s. S. 69). Hier werden all die schönen Dinge angeboten, welche die Bewohner der Umgebung zu Hause fertigen. Auch **Kunstobjekte** lokaler Künstler werden hier manchmal zu erschwinglichen Preisen verkauft. Wer Bilder und Skulpturen bekannter färöischer und nordischer Künstler erwerben möchte, wird in **Kunstgalerien** fündig, die die exklusiven Werke nicht nur ausstellen, sondern auch verkaufen, etwa bei Smiðjan í Lítluvík in Tórshavn (s. S. 23), Gamla Seglhúsið in Klaksvík (s. S. 69) oder der Gallarí Oyggin in Tvøroyri 52 auf der Insel Suðuroy 51 (s. S. 83).

064fi-tt

Angesagte Maschen: färöische Wollmode

Die Schafe liefern mit ihrer Wolle den Rohstoff für die außergewöhnlichen **Strickwaren** der Färöer. Durch ihren hohen **Lanolingehalt** ist diese Schafswolle besonders wasserabweisend und wettertauglich. Ursprünglich strickten die Frauen von Fischern dicke Wollpullover für ihre Männer, die sie mit individuellen Mustern verzierten. Fischer, die auf hoher See ums Leben kamen, konnte man anhand dieser Strickmuster eindeutig identifizieren. Früher trugen die Männer blaue Pullover, die Frauen rote. Fischer waren in Schwarz und Grau gekleidet. Heute gilt diese strikte

◁ *Zapfhähne mit verschiedenen färöischen Bieren*

△ *Färöische Kleidung: Kindermodegeschäft mit originellem Namen*

Trennung der Farben nicht mehr. Die färöischen Modedesigner experimentieren mit Farben, Mustern und Formen und kreieren immer wieder neue Kombinationen. Färöische Wollwaren sind **zeit- und schnörkellos** und mit unterschiedlichsten Strickmustern und Farbkombinationen verziert. Einige Designer verwenden für ihre Kreationen bewusst **traditionelle Muster.**

Hans M. Debes sammelte über 100 verschiedene Strickmuster der Färöer und veröffentlichte diese 1932 in dem **Buch „Føroysk Bindingarmynstur“ („Färöische Strickmuster“)**, das bis heute so etwas wie die Strickbibel der Färinger ist.

Stricken ist inzwischen eine Art **Volkssport.** Vor allem in den Wintermonaten wird viel gestrickt und die Pullover, Schals, Socken und Handschuhe werden in **Handarbeitsläden** verkauft. Solche handgestrickten Wollwaren sind zwar nicht ganz billig, aber wer etwa einen Pullover für umgerechnet 200 € erwirbt, bekommt ein **nachhaltiges Qualitätsprodukt,** das sich auch zu Hause gut tragen lässt.

Die färöische Mode ist heute **international bekannt** und salonfähig. Die beiden färöischen Designerinnen Guðrun Ludvik und Guðrun Rógvadóttir schafften mit ihrem **Modelabel Guðrun & Guðrun** (s. S. 32) den Durchbruch, nachdem die dänische Fernsehkommissarin Sarah Lund in der Krimiserie „Forbrydelsen“ („Das Verbrechen“) einen ihrer beigefarbenen Wollpullis mit Sternenmuster trug. Seither boomen färöische Wollwaren und Labels wie Sirri oder Barbara í Gongíni findet man nicht nur in Tórshavn, sondern auch in den Metropolen der Welt. Das Modelabel **Sirri** wurde nach dem Lockruf der färöischen Schafshirten benannt. Wie Guðrun & Guðrun verarbeitet auch Sirri nur einheimische Wolle. Die oft in einem schwarzen Grundton gehaltenen Kleidungsstücke von **Barbara í Gongíni** (http://barbaraigongini.dk) erinnern mit ihren Mustern und Farben an die steilen Klippen der Färöer. Die Mode dieses in Kopenhagen ansässigen Labels ist eher avantgardistisch und verwendet neben Wolle auch Leder, Baumwolle und Plastik.

▷ *Meer, Klippen und Berge prägen die Landschaft der Färöer*

▽ *Drei Schafe liegen bei Regenwetter im nassen Gras*

066fi-tt

067fi-tt

Natur erleben

Geografie

Die Färöer liegen **zwischen Norwegen und Island** mitten im Meer. In Nord-Süd-Richtung ist die gebirgige Inselgruppe 113 km lang, in Ost-West-Richtung bis zu 75 km breit. Viele der einzelnen Inseln sind lang und schmal, kein Punkt auf einer Insel ist mehr als 5 km Luftlinie von der Küste entfernt. Im Norden, Westen und Süden ragen **Steilküsten** fast senkrecht und teilweise mehrere Hundert Meter empor. Im Osten neigt sich das Land eher flach zum Meer hin. Auf den Inseln gibt es einige imposante **Wasserfälle**, z. B. Bøsdalafossur 33, Fossá (s. S. 47) und Reipsáfossur (s. S. 61).

Die Färöer sind **grüne Inseln**, denn das Land ist fast überall mit **Gras** bedeckt. **Bäume** gibt es nur wenige, meist wachsen diese in künstlich angelegten, eingezäunten Wäldchen, die lediglich etwa 0,1 % der Landfläche ausmachen. Die vielen frei laufenden **Schafe** fressen in der offenen Landschaft jedes junge Bäumchen, das sprießt, sofort wieder ab.

Für die **Landwirtschaft** ist das Klima zu rau. Nur knapp über 2 % der Landfläche wird landwirtschaftlich genutzt. Hauptsächlich werden Kartoffeln und Rhabarber angebaut sowie Rinder und Schafe gehalten.

Fauna und Flora

Rund **300 Vogelarten** kommen auf den Färöern vor, nur etwa 40 Arten sind häufig und 85 Arten brüten hier auch. An den Küsten nisten Trottellummen, Tordalken, Dreizehenmöwen, Eissturmvögel und Krähenscharben. Auf den Klippen graben **Papageitaucher** ihre Bruthöhlen metertief in den Erdboden. Auf Nólsoy 12 brütet eine große Kolonie von **Sturmschwalben**, auf Mykinesolmur (s. Mykines 36) kommen **Basstölpel** vor und auf den Südinseln große **Raubmöwen.**

Die kleinen **Küstenseeschwalben** fühlen sich während der Brutzeit gestört, wenn ihnen ein Mensch zu nahe kommt – dann fliegen sie Luftattacken gegen ihn. Eine Kopfbedeckung schützt vor möglichen Verletzungen durch die **Schnabelhiebe.**

Der **Austernfischer** (*Haematopus ostralegus,* färöisch: *tjaldur*) ist der **Nationalvogel** der Färöer. Der etwa 40 cm große und 600 g schwere Strandvogel mit dem roten Schnabel, den leuchtend roten Augen und kräftigen, roten Beinen trägt ein Gefieder, das auf der Oberseite schwarz und auf der Unterseite weiß ist.

Bedingt durch die isolierte Lage sind **Insekten** auf den Färöern selten. Stechmücken fehlen gänzlich, ebenso Reptilien und Landsäugetiere, mit Ausnahme der vom Menschen eingeführten Arten. Dennoch gibt es kleine Quälgeister wie winzige Gnitzen, die auf einer Wanderung beißen können. Auch Zuckmücken können lästig werden, doch diese stechen nicht.

An der Küste kann man **Kegelrobben** beobachten und im Meer vor den Inseln kommen **Wale und Delfine** vor: Schweins- und Grindwale (s. S. 42), Atlantische Weißseitendelfine und Weißschwanzdelfine. Auf hoher See kann man große Finnwale, Pottwale und Orcas antreffen.

Die meisten der etwa **400 Pflanzenarten** sind nach der letzten Eiszeit aus Norwegen und Schottland auf die Färöer gelangt und hier heimisch geworden. Die gelbe **Sumpfdotterblume** (*Caltha palustris,* föröisch: *mýrisólja*) ist die **Nationalblume** der Färöer. Auf sumpfigen Böden gedeihen Wollgras, Moose und Binsen. In steilen Schluchten, die auch für Schafe nur schwer zugänglich sind, kommen Mädesüß, Frauenmantel, Bergweidenröschen, Fetthenne und Engelswurz vor. Knabenkraut-Orchideen findet man häufig. Der **Färöische Frauenmantel** (*Alchemilla faeroënsis,* färöisch: *føroyaskøra*) ist **endemisch,** d. h. er kommt nur auf den Färöern vor. Auf den höchsten Bergen kann man den Gletscher-Hahnenfuß (*Ranunculus glacialis,* färöisch: *Snjósólja*) entdecken.

Von den Anfängen bis zur Gegenwart

7. bis 12. Jh. – Besiedlung und Christianisierung

„Grímur Kamban war der erste Mann, der sich auf den Färöern niederließ ...“ – mit diesen Worten beginnt die **Färingersaga.** Vermutlich hat ein Schüler des isländischen Politikers, Dichters und Historikers **Snorri Sturluson** (1179–1241) diese Chronik über die Besiedlung der Färöer im 13. Jh. niedergeschrieben. Sturluson war auch der Herausgeber eines Lehrbuchs für Skalden (Dichter), der sogenannten **Snorra-Edda.** Die Geschichte der Besiedlung der Färöer von der Zeit der Landnahme durch die Wikinger im 9. Jh. bis zur Christianisierung um das Jahr 1000 wurde in Island geschrieben. Der dänische Archäologe und Philologe Carl Christian Rafn (1795–1865) machte die **nordischen Sagas** in der Öffentlichkeit bekannt. Er schuf auch die heutige Form der Färingersaga, die er 1832 unter dem Namen **Færeyínga saga** veröffentlichte.

Historiker gehen davon aus, dass **Grímur Kamban** tatsächlich gelebt hat und im 9. Jh. aus Norwegen auf die Färöer auswanderte. Hier ließ er sich wohl beim heutigen Ort Funningur [D2] nieder. Anfang des 9. Jh. verließen in der Tat viele **Norweger** ihr Land, denn dort herrschten Hunger und Armut unter der Bevölkerung. Die damals noch nicht besiedelten Färöer lagen in Reichweite ihrer Boote und die Übersiedler trafen dort auf

Auf einer Briefmarke wird der Alltag der Wikinger auf den Färöern dargestellt

keine anderen Völker, was zu Auseinandersetzungen hätte führen können. Unter der Regentschaft des norwegischen Königs **Harald I. Schönhaar** (860–930) verschlimmerte sich die Lage der Bevölkerung, da die bislang freien norwegischen Fürsten unter seiner Zwangsherrschaft abgabepflichtig wurden. Daraufhin wanderten in einer zweiten Welle erneut viele Bauern, aber auch Adlige aus. Die Aussiedler etablierten auf den Färöern ihre eigene „Regierungsform" aus Gesetzgebung und Rechtsprechung, aus dem das **Løgting**, eines der ältesten Parlamente der Welt, hervorging. Die Häuptlinge und freien Bauern der Färöer trafen sich auf dem **Thing** zu einer Parlamentsversammlung. Hier wurden neue Gesetze erlassen und Urteile gefällt. Das Thing diente jedoch auch dazu, Kontakte zu knüpfen und Neuigkeiten auszutauschen. Das wichtigste Thing des Jahres, das **Althing**, fand in Tinganes 2 statt. Auch andere Inseln besaßen Thingstätten, wo man sich mehrmals im Jahr zu Versammlungen traf.

Tatsächlich wurden die Färöer aber schon vor dem 9. Jh. besiedelt. Nach Überlieferungen des irischen Mönchs und Gelehrten **Dicuil** aus dem Jahr 825 waren **irische Mönche** die ersten dauerhaften Siedler, die sich um das Jahr 650 zumeist als Einsiedler auf den Färöern niederließen. Diese Mönche brachten Schafe auf die Inseln und gaben den Färöern den Namen **„Schafsinseln"**. Neueste archäologische Untersuchungen deuten allerdings darauf hin, dass die Insel Sandoy 45 bereits im 4. Jh. besiedelt war.

Die Färingersaga beschreibt auch die **Machtkämpfe** zwischen den Sippen des vom norwegischen König Olav Tryggvason zum Christentum bekehrten Häuptlings **Sigmundur Brestisson** und dem heidnischen Häuptling **Tróndur í Gøta.** Diese Auseinandersetzungen gipfelten schließlich in der Annahme des christlichen Glaubens durch die Färinger um das Jahr 1000 (s. Insel Skúvoy 50). 1035 ernannte der norwegische König Magnus I. den Färinger **Leifur Øssurson,** einen nahen Verwandten Tróndurs, zum alleinigen Lehnsherrn über die Färöer. Damit endete die Unabhängigkeit der Inseln.

13. bis 18. Jh. – Handelsmonopol und Schafsbrief

Ein **Dekret des norwegischen Königs Magnus VI.** stellte die Färöer 1271 unter **norwegisches Recht.** Darin wurde auch vereinbart, dass die Färinger jährlich zwei Schiffsladungen mit färöischen Waren nach Norwegen exportieren dürfen. Die Norweger woll-

fi068

ten sich damit das **Handelsmonopol** über die Färöer sichern. In Anbetracht der wenigen Waren, die die Färinger tatsächlich exportieren konnten, blieb das Monopol wirkungslos. Stattdessen bekamen die Norweger zunehmend Konkurrenz durch die aufstrebende **Hanse**, die Vereinigung norddeutscher Kaufleute, die von Mitte des 12. Jh. bis Mitte des 17. Jh. bestand. Im Laufe der Jahre stellte sich heraus, dass das norwegische Recht nicht auf die speziellen Verhältnisse der färöischen Landwirtschaft und Schafzucht angewendet werden konnte. Es musste deshalb ergänzt werden. So wurde 1298 der **Schafsbrief (Seyðabrævið)** erlassen, das älteste und wichtigste mittelalterliche Gesetzesdokument der Färöer (s. S. 113). Der Schafsbrief beeinflusste maßgeblich die weitere Entwicklung der Färöer und hatte 600 Jahre lang Gültigkeit.

1361 erlaubten die Norweger der Hanse den Handel mit den Färöern. Missernten und das Fehlen von Wald auf den Inseln führten dazu, dass die Färinger viele Waren des täglichen Bedarfs wie Getreide und Holz im Tausch mit Wolle importieren mussten. „Ull er Føroyar gull" – **„Wolle ist das Gold der Färöer"** – wurde zum Leitspruch der Färinger.

Nachdem der norwegische König 1380 den dänischen Thron erbte, entstand zwischen **Norwegen und Dänemark** eine **Personalunion.** In dieser gewann Dänemark schnell die Oberhand und die politische Macht konzentrierte sich in Kopenhagen. Die Personalunion blieb für die Färöer zunächst ohne Folgen. 1536 wurden Norwegen und Dänemark im Zuge der **Reformation** protestantisch. 1538 erreichte die Reformation die Färöer. Der dänische König Christian III. ließ alle 34 Bischöfe der Färöer absetzen und die Kirchengüter säkularisieren. Über die Hälfte des Landes, das von abgabepflichtigen Pächtern (unfreien Bauern) bewirtschaftet wurde, wurde so zum **„Königsland"** *(kongensland).* Es durfte weder verkauft oder geteilt werden.

Feuerstelle im mittelalterlichen Pfarrhaus Kálvalið in Miðvágur 32

Der Schafsbrief (Seyðabrævið)

Der Schafsbrief ergänzte das norwegische Recht, das auch für die Färöer galt, indem es die speziellen Belange der Inseln hinsichtlich Zivilrecht und Schafzucht berücksichtigte. Der Schafsbrief beinhaltet beispielsweise Regelungen über das Verpachten von Land, die Verteilung von Walfleisch und Treibgut oder Eigentumsnachweise von Schafen, die geschlachtet werden sollen.

Der Schafsbrief war mehr als nur eine Sammlung von Rechtsvorschriften. Er liefert auch einen Einblick in die mittelalterliche Gesellschaftsstruktur der Färöer, die damals von großer sozialer Ungleichheit geprägt war und vor allem die Belange der reichen Grundbesitzer schützte. Die oberste gesellschaftliche Schicht der mittelalterlichen Färöer waren die Grundbesitzer. Dies waren meist reiche Großbauern und Bischöfe, die Teile ihres Landes verpachten konnten. Die Pächter, Vertreter der zweiten sozialen Schicht, mussten hohe Abgaben in Form eines festgelegten Teils der Ernte bzw. ihres Einkommens an die Grundbesitzer abführen. Reichten ihre Erträge dafür nicht aus, durften die Grundbesitzer die gesamte Ernte beschlagnahmen. Wegen der hohen Abgaben konnten die Pächter oft nur ein bescheidenes Leben führen. Die unterste und bevölkerungsmäßig größte Klasse bestand aus den Besitzlosen und Bettlern. Dazu gehörten auch die einfachen Landarbeiter und Bediensteten. Die unterschiedlichen Besitzstände dieser Dreiklassengesellschaft und die zunehmenden Abgabenlasten insbesondere auch gegenüber der Kirche führten zu Unruhen und Aufständen in der Bevölkerung.

Da die dänische Krone in den Wirren der Reformation mit der Verwaltung der Färöer wohl etwas überfordert war, übertrug sie **hanseatischen Kaufleuten** das **Handelsmonopol**. Die Hanse zog im Namen der Krone zudem die Abgaben (Steuern und Pacht) von der Bevölkerung ein. Um die hohen Abgaben bezahlen zu können, mussten die freien Bauern ihr Land immer weiter zerteilen und die Parzellen verkaufen. Die unfreien Bauern konnten die Abgaben kaum noch aufbringen. Die **Ausbeutung** der Färinger durch die Hanse nahm immer schlimmere Ausmaße an.

Der **Dänisch-Schwedische Krieg** (1657–1660) und eine schwächelnde Nachfrage nach färöischer Wolle verschlechterte die wirtschaftliche Lage der Färinger zusätzlich. Der Hamburger Kaufmann Christoffer von Gabel, der selbst nie auf den Färöern war, brachte schließlich durch Ämtermissbrauch und Korruption die Wirtschaft der Färöer völlig zum Erliegen. 1708 übernahm Dänemark den Handel mit den Färöern.

Während auf dem europäischen Festland die Industrialisierung begann, blieben die Färöer **„vergessene Inseln"**. 1767 begann unter dem dänischen Kaufmann Niels Ryberg eine zwanzigjährige Phase des unkontrollierten Freihandels. Tórshavn wurde zu einer Basis von Schmugglern. 1856 wurde das **Handelsmonopol** schließlich **aufgehoben**. Jetzt konnten sich die Färöer wirtschaftlich entwickeln. Der **Export von Fisch** brachte bescheidenen Wohlstand auf die Inseln.

19. Jh. bis heute – Selbstverwaltungsgesetz und Vertrag von Fámjin

Als Dänemark 1847 zu einer konstitutionellen Monarchie wurde, erhielten die Färöer 1852 ein **Inselparlament**, das **Løgting**, und durften einen Abgeordneten ins dänische Parlament entsenden. 1906 gründeten die Färinger ihre erste Partei, die Partei der Selbstverwaltung.

1940, während des **Zweiten Weltkriegs**, landeten nach der Besetzung Dänemarks durch die deutsche Wehrmacht **britische Truppen** auf den Färöern, um die Inseln vor einer deutschen Invasion zu schützen. Nach dem Krieg übertrug Großbritannien die Zivilverwaltung der Färöer dem Løgting. Im **Selbstverwaltungsgesetz von 1948** wurde schließlich festgelegt, dass die Färöer ein eigenständiger Teil von Dänemark sind. Seitdem haben die Färöer auch eine eigene **Nationalflagge** (s. S. 84). Das Løgting hat seither gesetzgebende Gewalt in der Innenpolitik und regelt die inneren Angelegenheiten, Finanzen, Soziales, Familie und Gesundheit, Verkehr und Umwelt, Kultur, Bildung und Forschung. Die Justiz sowie die Außen- und Sicherheitspolitik werden jedoch weiterhin von Dänemark bestimmt.

1992 stürzten die Färöer in eine schwere **Finanzkrise**, in deren Folge sie finanziell von Dänemark abhängig wurden. Auf den Färöern stieg die Arbeitslosenquote auf über 20 %. Erst gegen Ende des 20. Jh. erholten sich die Färöer wirtschaftlich wieder, doch die Finanzkrise wirkt immer noch nach. Im Meer vor den Färöern wurden bei Probebohrungen zwar **Öllagerstätten** entdeckt, doch deren Ausbeutung stellt sich als schwierig und teuer heraus, sodass die anfängliche Euphorie inzwischen einen Dämpfer bekommen hat.

2005 wurden die Färöer mit dem **Vertrag von Fámjin**, der nach dem Ort der Unterzeichnung 54 benannt ist, zu einer gleichberechtigten Nation im Königreich Dänemark mit Einfluss auf die Außen- und Sicherheitspolitik. Anders als Dänemark sind die Färöer **kein Mitglied der Europäischen Union.** Der internationale Handel wird durch Verträge geregelt.

Die Färöer sind heute eine **parlamentarische Monarchie mit Selbstverwaltung. Staatsoberhaupt** ist Königin Margarethe II. von Dänemark. Seit 2008 wird sie auf den Färöern durch einen **Reichsombudsmann** vertreten. Alle vier Jahre werden die Abgeordneten des Løgting neu gewählt. Das Løgting wählt dann den Premier und die anderen Minister. Letztere haben zwar einen Sitz im Løgting, aber kein Stimmrecht. Ihr Abgeordnetenmandat ruht während dieser Zeit. Bei der letzten Wahl am 8. Dezember 2022 gewannen die Sozialdemokraten (Javnaðarflokkurin) mit 26,6 % der Stimmen (+2 Sitze gegenüber 2019). Die Unionisten (Sambandsflokkurin) wurden mit 20 % zweitstärkste Fraktion (±0 Sitze gegenüber 2019), die Volkspartei (Fólkaflokkurin) mit 18,9 % drittstärkste (-2 Sitze gegenüber 2019) und die Republikaner (Tjóðveldi) mit 17,7 % viertstärkste (±0 Sitze gegenüber 2019). Weiterhin sind die Fortschrittspartei (Framsókn) mit 7,5 % (+1 Sitz gegenüber 2019) und die Zentrumspartei (Miðflokkurin) mit 6,6 % (±0 Sitze gegenüber 2019) im Løgting vertreten.

Alter und neuer Premierminister ist **Aksel Vilhelmson Johannesen.** Der 1972 in Klaksvík geborene Jurist ist zugleich Vorsitzender der Solzialdemokraten.

081fi-vfi©Maxwell Rouche/visitfaroeislands.com

An- und Rückreise

Auf die Färöer kann man von Dänemark aus mit dem **Flugzeug** und mit der **Fähre** reisen. Wer mit dem eigenen Auto anreisen und viel Reisegepäck inkl. Campingausrüstung mitnehmen möchte, für den empfiehlt sich die Fahrt mit der Fähre. Wer Wert auf eine kurze Reisezeit legt, ist mit einer Flugreise besser beraten.

Mit dem Flugzeug

Es gibt **keine Direktflüge** aus Deutschland, Österreich und der Schweiz auf die Färöer – man muss **in Dänemark umsteigen.** Die reine **Flugzeit** von Kopenhagen nach Vágar beträgt 2 Std. 15 Min. Die färöische Fluggesellschaft **Atlantic Airways** fliegt ganzjährig mehrmals täglich von **Kopenhagen** auf die Färöer (Hin- und Rückflug ab ca. 320 €). Aus den dänischen Städten **Billund** und **Aalborg** werden die Färöer ebenfalls angeflogen, jedoch nicht so häufig. Auch die skandinavische Fluggesellschaft **SAS** bietet von April bis Oktober Flüge von Frankfurt, Zürich und Wien über Kopenhagen auf die Färöer an. Ab Frankfurt kostet ein Linienflug hin und zurück zwischen 485 und 1670 €.

› **Infos und Buchung:** www.atlantic.fo/en, www.flysas.com

Alle Flugzeuge landen auf dem internationalen **Flughafen Vágar (Vága Floghavn, FAE)** [B/C4] auf der gleichnamigen Insel ❸❶. Er befindet sich südöstlich von dem kleinen Ort **Sørvágur** ❸❹. Der ursprüngliche Militärflughafen wurde im Zweiten Weltkrieg an einer vom Meer aus nicht einsehbaren Stelle von den Engländern gebaut.

› **Infos zum Flughafen:** www.fae.fo/en

Das **Taxi** (s. S. 133) vom Flughafen in die Hauptstadt **Tórshavn** oder in umgekehrte Richtung kostet 750 kr/Person und braucht ca. 40 Min. Es besteht außerdem eine **Busverbindung** nach Tórshavn mit der **Linie 300** (Fahrzeit: ca. 1 Std., Tickets 90 kr). Der Bus fährt am **Fähranleger** in Tórshavn Mo. bis Fr. um 5.45, 8, 14.15, 16.30 und 19.20 Uhr sowie Sa. und So. um 6.50, 9.15, 12.45, 15.25, 17.30 und 10.30 Uhr ab. Zurück fährt der Bus Mo. bis Fr. um 9.05, 12.55, 18.30 und 20.30 Uhr sowie Sa. und So. um 7.55, 10.30, 14.25, 16.35, 18.40 und 20.30 Uhr.

› **Infos und Fahrplan:** www.ssl.fo/en/timetable/bus/300-torshavn-airport-soervagur

Mit der Fähre

Die **Autofähre Norröna** der färöischen Reederei **Smyril Line** fährt ganzjährig von **Hirtshals** im Norden Dänemarks nach Tórshavn auf den Färöern. In der Hauptsaison fährt die Fähre jeden Sa. und Di. in Hirtshals ab. Die Rückfahrt ist Fr. und So. möglich. Die Fahrt dauert jeweils **anderthalb Tage.** Der **Fähranleger** befindet sich am Osthafen (s. S. 132). Die Färöer sind für die Fähre eine Zwischenstation auf ihrer Fahrt nach Island. Viele Islandreisende, die sonntags mit der Fähre ankommen, haben hier einen Zwischenaufenthalt bis Mittwoch und nutzen diesen für eine Erkundung der Färöer.

Auf der Website von Smyril Line lässt sich die Fähre **online buchen.** Die **Preise** sind je nach Vor-, Mit-

‹ Vorseite: Auf Paddeltour entlang der grünen Küste

071fi-tt

tel- und Hauptsaison gestaffelt. Die Überfahrt kostet für zwei Personen mit Pkw und Innenkabine hin und zurück 1326 bis 1528 €. Für Fahrzeuge über 1,9 m Höhe und 5 m Länge wird es deutlich teurer: So kostet beispielsweise ein großes Wohnmobil mit zwei Personen und Innenkabine in der Hauptsaison 2770 €. Wer in der **Hauptsaison** von Juni bis August reist, sollte die Überfahrt möglichst **frühzeitig buchen,** am besten schon Anfang des Jahres. Es werden auch preisreduzierte **Auto-, Motorrad- und Wohnmobilpakete** angeboten. Auf der Website kann man zudem zwischen verschiedenen **Rundreisepaketen** (z.B. Inselhopping) wählen.

› **Fahrplan, Preise und Buchung:** www.smyrilline.fo

› **Büro Smyril Line in Deutschland,** Sell-Speicher Wall 55, 24103 Kiel, Tel. +49 431200886. Das Büro in Deutschland ist Ansprechpartner für alle Fragen rund um die Buchung und Fahrzeiten. Es vermittelt auch Übernachtungsmöglichkeiten auf den Färöern.

■ **Büro Smyril Line auf den Färöern** <142> Yviri við Strond 1, Tórshavn, Tel. +298 345900

Ausrüstung und Kleidung

Bedingt durch die Insellage mitten im Meer ist es auf den Färöern auch im Sommer häufig **windig und kühl** und es regnet viel. **Wetterfeste Outdoor-Funktionskleidung** ist daher ein Muss. Der Satz „Es gibt kein schlechtes Wetter, nur unpassende Kleidung" gilt besonders für die Färöer. Wer sich nach dem **Zwiebelprinzip**, oder, moderner ausgedrückt, nach dem **Dreilagensystem** anzieht, ist bestens gerüstet: Die innerste Schicht sollte aus dünnem Fleece bestehen, die zweite Schicht sollte winddicht und kälteisolierend sein sowie leichten Regen abhalten, die dritte Schicht sollte wasserundurchlässig und atmungsaktiv sein. Kleidungsstücke aus Baumwolle sind nicht zu empfehlen, da sie die beim Schwitzen entstehende Feuchtigkeit aufsaugen und man schnell friert.

Luftsprünge auf der Fähre: Wind gibt es auf den Färöern reichlich

Für **Touren in der Natur** sind wasserdichte, knöchelhohe **Wanderstiefel** mit einer **grobstolligen Profilsohle** angeraten. Wer viel durch nasses Gras wandert, kann **Gummistiefel** tragen, die ebenfalls eine grobe Profilsohle besitzen sollten. In jedem Fall sollte man stets eine **Regenjacke und -hose** dabeihaben. Bei starkem Wind nützt ein Schirm nichts. Da es auf den Färöern gelegentlich Sonnentage mit blauem Himmel gibt, sollte man an diesen Tagen eine **Sonnenbrille** und **Sonnenschutzcreme** dabeihaben. Für einen Stadtbummel genügt eine Bekleidung, wie man sie auch bei herbstlichem Wetter in Mitteleuropa trägt. Auf ärmellose Tops, kurze Sommerhosen und -röcke sowie Sandalen kann man auf den Färöern getrost verzichten.

Autofahren

Da auf den Färöern nicht alle touristisch interessanten Ziele mit öffentlichen Verkehrsmitteln erreichbar sind und die Busse nicht allzu häufig in entlegene Orte fahren, ist ein **Auto** das **beste Reisemittel.**

Auf den Inseln gibt es etwa 960 km **Straßen**, die allesamt **asphaltiert** und **gut ausgebaut** sind. Autobahnen gibt es keine. Der Verkehr ist generell nicht so dicht wie in Deutschland und Staus sind selten. Trotzdem sollte man genügend Zeit einplanen, denn auf den **schmalen, kurvenreichen Straßen** kommt man mitunter nur langsam voran. Das **Tankstellennetz** ist ausreichend dicht, dort gibt es Diesel und bleifreies Benzin. Auch Ladestationen für Elektrofahrzeuge sind genügend vorhanden.

Buttercup routes

Auf den Färöern wurden landschaftlich besonders schöne und touristisch interessante Straßen mit einem **Logo** markiert, das eine **gelbe Hahnenfußblüte auf grünem Grund** zeigt. Diese Buttercup routes sind bei den jeweiligen Orten im ersten Teil des Buches erwähnt.

Verkehrsvorschriften

Auf den Färöern gelten **dieselben Verkehrsschilder** wie in Mitteleuropa. Es herrscht Rechtsverkehr, für alle Insassen besteht Anschnallpflicht und auch am Tag muss man mit **Abblendlicht** fahren (Tagfahrlicht reicht nicht, da die Rücklichter dann nicht angeschaltet sind). Innerhalb geschlossener Ortschaften gilt eine **Höchstgeschwindigkeit** von 50 km/h, manchmal auch von 30 km/h, wenn Schilder darauf hinweisen. Außerhalb geschlossener Ortschaften beträgt die Höchstgeschwindigkeit 80 km/h. Diese Geschwindigkeiten gelten für Pkw und Motorräder. Für Pkw mit Anhänger und Wohnwagengespanne gelten 50 km/h und für Wohnmobile über 3,5 t 70 km/h. Geschwindigkeitsüberschreitungen werden mit **hohen Geldbußen** geahndet. Wer mit mehr als 30 km/h über der zulässigen Höchstgeschwindigkeit erwischt wird, muss seinen Führerschein abgeben. Die **Alkoholgrenze** liegt bei 0,5 Promille.

In Tórshavn, am Flughafen in Vágar [B/C4], in Runavík 30 und in Klaksvík 38 gelten Parkbeschränkungen. Entweder sind die **Parkplätze** dort **gebührenpflichtig** oder es muss eine **färöische Parkscheibe** im Fahrzeug hinterlegt werden. Diese ist kostenlos in Banken und bei den

Touristeninformationen (s. S. 123) erhältlich. Die Parkscheibe muss in der rechten unteren Ecke der Windschutzscheibe angebracht werden.

Auf den Färöern gibt es viele unbeleuchtete und enge, einspurige **Tunnel**, in denen sich in regelmäßigen Abständen **Ausweichbuchten** befinden. Wer im Tunnel Vorfahrt hat, ist durch Vorfahrtsschilder geregelt.

Die **Unterseetunnel** sind **mautpflichtig.** Abgesehen vom Eysturoy-Tunnel muss man allerdings nur für die **Tunneldurchfahrt zur Hauptinsel Streymoy** 13 bezahlen. Für Fahrzeuge bis 3,5 t und 6 m Länge beträgt die Tunnelgebühr 100 kr, für Fahrzeuge über 3,5 t oder 6 m Länge 300 kr, Motorräder sind frei. Im **Eysturoy-Tunnel** zahlt man für die Strecke Streymoy – Eusturoy 22 (und umgekehrt) 175 kr (Pkw bis 6 m und 3,5 t), 800 kr (Fahrzeuge über 6 m bzw. 3,5 t) bzw. 160 kr (Motorräder), die Strecke Strendur – Runavík 30 kostet 125 kr (Pkw bis 6 m und 3,5 t), 200 kr (Fahrzeuge über 6 m bzw. 3,5 t) bzw. 120 kr (Motorräder). Bei der Einfahrt in die Tunnel wird das Nummernschild registriert. Die Tunnel-Maut muss innerhalb von sechs Tagen online unter www.tunnil.fo bezahlt werden.

Auf den Färöern genügt der **nationale Führerschein**, die Mitnahme der **Grünen Versicherungskarte** ist ratsam. Da die Färöer kein EU-Mitglied sind, kann es bei nicht selbst verschuldeten Unfällen Probleme mit der Kostenerstattung durch die gegnerische Versicherung geben, falls das Fahrzeug nicht vor Ort repariert wird und die Reparaturkosten im Heimatland höher sind als auf den Färöern. Eine **Vollkaskoversicherung** ist daher von Vorteil.

072fi-tt

Unterwegs mit dem Auto: Neben der schmalen Küstenstraße weiden zwei Schafe

Auf den Straßen muss man stets mit **Schafen** rechnen. Beim Zusammenstoß mit einem Schaf ist die **Polizei** in Tórshavn unter Tel. 351448 zu verständigen. Der Fahrer muss dem Schafsbesitzer Schadenersatz leisten.

Bei **Autopannen** auf den Inseln Streymoy und Eysturoy hilft die **Feuerwehr** von Tórshavn weiter (Tel. 302100). Inselweit kann man sich auch an die **Pannenhilfe Snarhjálp** wenden (Tel. 311905).

Mietwagen

Auf den Färöern gibt es nur wenige **Autovermietungen.** Ein Kleinwagen kostet 130 bis 150 € **am Tag** inkl. Versicherung und unbegrenzten Kilometern. Folgende Anbieter sind empfehlenswert:

- **62 °N,** www.62n.fo
- **Avis Føroyar,** www.avis.fo
- **Arctic Rental Cars,** www.arctic.fo
- **RentYourCar,** https://rentyourcar.fo
- **JustDrive,** www.justdrive.fo
- **MyCar,** https://rent-a-car.fo

Barrierefreies Reisen

Rollstuhlfahrer stoßen auf den Färöern noch auf **viele Hindernisse.** Vor allem außerhalb von Ortschaften sind die Färöer wegen der bergigen Landschaft, durch die so gut wie keine für Rollstuhlfahrer geeignete Wege führen, nicht für Menschen mit besonderen Anforderungen geeignet.

Innerhalb von Ortschaften sind zumindest öffentliche Gebäude, **Museen,** größere **Restaurants** und **Hotels** barrierefrei zugänglich und behindertengerecht eingerichtet. **Ampeln** signalisieren Grün mit einem akustischen Signal. Die **Busse** haben **keine Rampen,** die das Ein- und Aussteigen erleichtern. Der Färöische Behindertenverein MBF bemüht sich darum, die Situation für Behinderte zu verbessern.

Diplomatische Vertretungen

- › **Botschaft der Bundesrepublik Deutschland in Kopenhagen** <143> Portland Towers, Göteborg Plads 1, 2150 Nordhavn, Tel. +4535459900
- ■ **Honorarkonsulat der Bundesrepublik Deutschland auf den Färöern** <144> Anwaltskanzlei Hansen & Thomassen, Undir Bryggjubakka 22, Tórshavn, Tel. +298 359595

Österreich und die **Schweiz** sind auf den Färöern nicht durch eigene Konsulate vertreten. Zuständig sind daher die direkt in Dänemark angesiedelten Vertretungen:

- › **Österreichische Botschaft in Kopenhagen,** Sölundsvej 1, www.bmeia.gv.at/oeb-kopenhagen, Tel. +45 39294141
- › **Schweizerische Botschaft in Hellerup,** Richelieus Allé 14, Tel. +45 33141796, Helpline FDFA (= Federal Department of Foreign Affairs) Tel. +41 800247365, www.eda.admin.ch/copenhagen

Ein- und Ausreisebestimmungen

Obwohl die Färöer kein Mitglied der EU und des Schengenraums sind, genügt bei **EU-Bürgern und Bürgern aus Ländern des Schengen-Raums** (also auch aus Deutschland, Österreich und der Schweiz) der **Personalausweis** bzw. die **Identitätskarte. Haustiere** dürfen nicht auf die Färöer mitgebracht werden. Die persönliche Reiseausrüstung unterliegt keiner Beschränkung; Waffen und Drogen dürfen nicht eingeführt werden.

Bei der Ausreise sollte man auf den **Umtausch der färöischen Banknoten** achten (s. S. 122).

Reisen **Kinder** nur mit einem Elternteil, kann sowohl bei der Ausreise als auch bei der Einreise eine **Einverständniserklärung** des anderen El-

Zollbestimmungen beachten!

Bitte unbedingt beachten, dass es in den Heimatländern für bestimmte Waren **Einfuhrverbote** geben kann. Aus Gründen des **Artenschutzes** dürfen beispielsweise **ausgestopfte Vögel** und **Walfleisch** nicht nach Deutschland eingeführt werden. Erlaubt sind hingegen Kleidungsstücke aus Robbenfell für den persönlichen Gebrauch. Über die Details der erlaubten **steuerfreien Wareneinfuhr- und -ausfuhrmengen** (z. B. bei Alkohol) informiert der jeweilige **Zoll** (z. B. auf www.zoll.de).

ternteils erforderlich sein. Detailinfos erhält man beim Auswärtigen Amt und beim zuständigen Konsulat.

Elektrizität

220 V Wechselstrom, 50 Hz. Auf den Färöern werden **Stecker des Typs C und K** eingesetzt. In eine Steckdose des Typs C passt der in Deutschland verbreitete zweipolige, flache **Eurostecker.** Für deutsche Schukostecker und Schweizer Stecker wird ein **Adapter** benötigt.

Geldfragen

Währung und Zahlungsmittel

Die offizielle Währung der Färöer ist die **Dänische Krone (kr, DKK).** Die Färöer haben aber **eigene Banknoten** in der Stückelung 50, 100, 200, 500 und 1000 Kronen herausgebracht, nicht jedoch eigene Münzen – man verwendet also vor Ort die dänischen Münzen. Der Kurs beider Währungen ist gleich, sie werden auch überall auf den Färöern als **gleichwertig akzeptiert.** Die färöischen Banknoten zeigen auf der einen Seite ein Tiermotiv, auf der anderen eine färöische Landschaft des Zeichners Zacharias Heinesen.

Kreditkarten wie Mastercard und Visa werden in vielen **Geschäften** und **Hotels** als Zahlungsmittel akzeptiert, American Express und Diners Club dagegen kaum. Beim Bezahlen mit der Kreditkarte wird oft (vor allem beim Tanken) die **vierstellige PIN-Nummer** benötigt. Am Kartenlesegerät kann man zwischen zwei Möglichkeiten wählen: Man kann den fälligen Betrag **in Kronen oder in Euro bezahlen.** Wer Euro wählt, muss oft etwas mehr zahlen, da dann die ausländische Bank den Kurs umrechnet und nicht die preisgünstigere Hausbank. Auch beim **Abheben von Bargeld in Landeswährung** wird manch-

Die Färöer preiswert

- Auch auf den „teuren“ Färöern kann man preiswert urlauben. Wer **sich selbst verpflegt** oder in einem Schnellimbiss oder kleinen Café einkehrt, teure Restaurants meidet und auf Alkohol verzichtet, kann Geld sparen. **Mittags** bieten viele Lokale ein **preisgünstiges Menü** an.
- Die **roten Stadtbusse** (s. S. 133) in Tórshavn können **kostenlos** benutzt werden.
- Wer das Land mit öffentlichen Verkehrsmitteln bereisen möchte, sollte sich die **Travel Card** der Verkehrsgesellschaft **Strandfaraskip Landsins** zulegen. Diese gilt – mit Ausnahme der Überfahrt nach Mykines 36 – für alle Fahrten mit den Überlandbussen und Fähren des Unternehmens. Erwachsene zahlen 500 kr für vier Tage und 700 kr für sieben Tage (Kinder jeweils die Hälfte). Die Karte ist am Infoschalter des Flughafens in Vágar [B/C4] und in Tórshavn am Busbahnhof (s. S. 132) erhältlich. Weitere Infos unter www.ssl.fo (unter „Tickets and Prices“/ „Travel Card“).
- Der **TUTL Musikshop** (s. S. 33) in Tórshavn veranstaltet im Sommer **kostenlose Livekonzerte** mit färöischen Nachwuchskünstlern. Infos unter ww.facebook.com/tutlrecords.

mal angeboten, dass die Abrechnung mit dem eigenen Konto in Euro erfolgen kann. Das Verfahren ist als **Dynamic Currency Conversion (DCC)** bekannt. Wählt man diese Option, die ja sicherer erscheint, wird aber ein ungünstiger Wechselkurs zugrunde gelegt, der zusätzliche Kosten verursachen kann. Deshalb sollte man Bezahlungen und Abhebungen immer in der Landeswährung vom Konto abbuchen lassen. Dann legt die eigene Bank den offiziellen Devisenkurs zugrunde, der meistens günstiger ist.

V PAY funktioniert in der Regel sowohl bei der Kartenzahlung als auch beim Abheben am Geldautomaten. Immer verbreiteter sind auch bargeldlose Bezahlsysteme mit dem **Smartphone** wie Apple Pay und Google Pay.

An **Bankautomaten (ATM, Sjálvgreiðslan)** kann man von 6 Uhr morgens bis 2 Uhr nachts mit der **Debit-/Giro- und Kreditkarte** Bargeld abheben. Dies ist häufig günstiger als der Umtausch von Bargeld.

Vor der **Ausreise** sollte man seine übrig gebliebenden **Färöischen Kronen in Dänische Kronen umtauschen,** da nur Letztere im Heimatland ohne großen Verlust in Euro oder Schweizer Franken zurückgetauscht werden können. Auf der **Fähre Norröna** (s. S. 116) sind beide Kronen Schiffswährung, sodass man sein färöisches Geld auch dort noch umtauschen oder ausgeben kann.

073fi-tt

Wechselkurs

- 1 € 7,45 kr
- 1 kr 0,13 €
- 1 SFr 7,50 kr
- 1 kr 0,13 SFr

(Stand: Frühjahr 2023)

Preise und Kosten

Wie alle nordischen Länder sind auch die Färöer ein **hochpreisiges Reiseland.** Ein Abendessen im Restaurant (ca. 30 €), **Hotelübernachtungen** (ab 120 € fürs Doppelzimmer) und Alkohol an der Bar (ein Glas Bier 8 €, eine Flasche Wein ab 35 €) sind teuer. **Lebensmittel** kosten etwa ein Drittel mehr als in Deutschland; Fleisch, Wurst und Käse sind doppelt bis dreifach so teuer.

Die **öffentlichen Verkehrsmittel** sind verhältnismäßig günstig, Hubschrauberflüge werden vom Staat subventioniert, seit September 2022 allerdings nur noch für Einheimische. Es gibt keine Straßenmaut, nur die Unterseetunnel (s. S. 119) sind gebührenpflichtig.

Die **Museen** verlangen im Schnitt etwa 8 € Eintritt für Erwachsene und etwas weniger für ältere Kinder. Mehrere Museumsbesuche reißen also durchaus ein Loch in die Reisekasse. Teuer sind ferner **geführte Ausflüge und Bootstouren.** Eine dreistündige Besichtigungstour kostet etwa 50 € pro Person, ein ganztägiger Bootsausflug mit Verpflegung etwa 250 €.

Färöische Banknoten mit Tiermotiven

Tax Free

Ausländer können sich einen Teil der **färöischen Mehrwertsteuer (VAT)** in Höhe von 25 % bei einem **Einkauf über 300 kr** erstatten lassen. In Geschäften, die mit „Tax Free" gekennzeichnet sind, sollte man beim Einkauf einen **Tax Refund Cheque** verlangen und vom Geschäft abstempeln lassen. Am besten lässt man sich diesen bereits im Geschäft ausfüllen.

Bei der **Ausreise** wendet man sich am Flughafen oder an der Fähre an die **Tax-Refund-Stelle** (bei der Fährgesellschaft Norröna steht jemand vom Zoll am Eincheckschalter). Hier lässt man sich den Tax Refund Cheque vom Zoll abstempeln und wirft ihn in den bereitgestellten Kasten oder schickt ihn von zu Hause an die auf dem Scheck angegebene Adresse. Es kann sein, dass der Zoll die noch original verpackte Ware sehen möchte.

Informationsquellen

Infostellen auf den Färöern

Die wichtigsten Anlaufstellen für Besucher sind die **Touristeninformationen (Kunningarstovan)** der (Haupt-) Inseln Eysturoy 22, Norðoy (Nordinseln), Vágar 31, Sandoy 45 und Suðuroy 51 sowie der Hauptstadt Tórshavn (s. S. 29). Bei den Ortsbeschreibungen sind die jeweiligen Adressen bzw. Internetseiten angegeben. Nicht alle Touristeninformationen sind ständig besetzt, manchmal sind nur Online-Auskünfte möglich.

Die Färöer im Internet

- **www.faroeislands.fo:** offizielle Website der Färöer mit vielen nützlichen Infos
- **http://visitfaroeislands.com:** Die offizielle Internetpräsenz der Tourismuszentrale liefert unter anderem auf Deutsch Informationen zu den einzelnen Inseln, zu Veranstaltungen, Übernachtungen und Lokalen, ergänzt durch stimmungsvolle Bilder und Filme. Verschiedene Broschüren stehen zum kostenlosen Download bereit.
- **http://visitfaroeislands.com/sheepview360:** Durita Dahl hat Schafen eine Panoramakamera auf den Rücken geschnallt und lässt diese die unverfälschte Natur der Färöer filmen.

Meine Literaturtipps

- Breiðfjörð, Huldar: **Schafe im Schnee. Ein Färöer-Roman,** Aufbau Verlag, 2013. Ein junger Isländer bereist die Färöer, um den vermeintlichen Unterschieden zwischen Färingern und Isländern auf die Spur zu kommen.
- Brú, Heðin: **Vater und Sohn unterwegs,** Guggolz Verlag, 2015. Der 1940 erschienene Roman ist das erste Buch in färöischer Sprache, das in mehrere Weltsprachen übersetzt wurde. Das Werk handelt von einem alten Fischer, der mit Tradition und Moderne konfrontiert wird.
- Isaksen, Jógvan: **Mild ist die färöische Sommernacht,** SAGA Egmont, 2017 (E-Book). Ein Färöer-Krimi, in dem der Journalist Hannis Martinsson die Verbrechen aufklärt.
- Neilson, C. R.: **Das Walmesser. Ein Färöer-Krimi,** Heyne, 2016. Eines Morgens wacht John Callum am Hafen von Tórshavn mit einem blutigen Messer in der Tasche und ohne Erinnerung auf. Thriller mit Gruselfaktor.

- **www.faeroeer.eu:** Auf seiner Website berichtet der Deutsch-Färöische Freundeskreis e. V. über alle Facetten der „Schafsinseln“.

Smartphone-Apps

- **Bikemap:** Vorschläge für Fahrradtouren auf den Färöern (kostenlos für Android und iOS)
- **Faroe Islands Radio:** mobile Anwendung zum Radiohören unterwegs (kostenlos für Android und iOS)
- **Torshavn Buss:** Fahrpläne aller Buslinien mit Abfahrtsmonitor und Live-Fahrplan (kostenlos für Android und iOS)

Internet

In sämtlichen Touristeninformationen (s. S. 123), fast allen Hotels und Gästehäusern sowie Restaurants und Cafés gibt es **kostenloses WLAN.**

LGBT+

Die Färinger sind ziemlich tolerant gegenüber Schwulen, Lesben, Bisexuellen und Transgender. Sie werden auf den Inseln nicht ausgegrenzt. Dennoch sollte man vor allem außerhalb der Hauptstadt seine gleichgeschlechtliche Vorliebe nicht allzu freizügig zur Schau stellen, denn im ländlichen Raum sind die Bewohner noch sehr konservativ.

108fi-tt

2006 wurde ein **Gleichbehandlungsgesetz** erlassen, das eine Diskriminierung dieser Personengruppe verbietet. 2016 verabschiedete das Parlament ein Gesetz zur Legalisierung der gleichgeschlechtlichen Ehe. Am Tag vor dem St. Olavsfest (27. Juli) findet in Tórshavn ein bunter, schillernder Umzug der LGBT-Szene statt, die **Faroe Pride.**

Auf den Färöern gibt es zwar keine speziellen Nightlife-Adressen für LGBT+, in Tórshavn sind aber die **Bierbar Hvonn** und **Sirkus Føroyar** (beides s. S. 34) beliebte Treffpunkte der LGBT-Szene. Die Organisation **LGBT Føroyar** vertritt deren Interessen und informiert über Veranstaltungen (http://lgbt.fo).

Medizinische Versorgung

Wer auf die Färöer reist, braucht **keine speziellen Impfungen.** Wer regelmäßig **Medikamente** einnehmen muss, sollte diese in ausreichender Menge mitbringen, da in den färöischen Apotheken *(apotek)* eventuell nicht dieselben erhältlich sind und man bei verschreibungspflichtiger Arznei ein ärztliches Rezept benötigt. Für dringend benötigte Medikamente gibt es einen Notdienst. Die Rufnummer steht an jeder Apotheke.

- **Apotheke im SMS-Einkaufszentrum** (s. S. 33), Tórshavn, Tel. 404040 (zentrale Apotheken-Telefonnummer), geöffnet: Mo.–Fr. 9–17.30, Sa. 10–14, So. 14.30–15 Uhr

Deutsche, österreichische und Schweizer Staatsbürger müssen alle Arztkosten, Krankenhausaufenthalte und Medikamente vor Ort **selbst be-**

zahlen. Falls nicht sicher ist, ob die heimische Krankenversicherung die Kosten erstattet, ist eine **Auslandskrankenversicherung** empfehlenswert. Man sollte sich alle Behandlungen und Ausgaben auf Deutsch oder Englisch **quittieren** lassen – das erleichtert später die Erstattung.

Wer einen **Arzt** benötigt, wendet sich an die Rezeption seiner Unterkunft oder an die nächste Touristeninformation (s. S. 123), die deutschsprachige Ärzte vermitteln kann. Fast alle Ärzte sprechen Englisch. Auch auf der Website www.heilsutrygd.fo sind Allgemeinmediziner verzeichnet.

Krankenhäuser

Der **ärztliche Notdienst** wird täglich von 8 bis 16 Uhr in den **drei Krankenhäusern** *(sjúkrahús)* der Inseln geleistet, danach ist der **ärztliche Bereitschaftsdienst** anzurufen.

- **Krankenhaus Tórshavn** <145>
  J. C. Svabos gøta 43, Tel. 304500
- **Krankenhaus Klaksvík auf Borðoy** <146>
  Vikavegur, Tel. 454545
- **Krankenhaus Tvøroyri auf Suðuroy** <147>
  Sjúkrahúsbrekkan 19, Tel. 343300

Bereitschaftsdienste

- **Ärztlicher Bereitschaftsdienst:** tgl. 16–8 Uhr unter Tel. 1870 (bei ausländischen Mobiltelefonen +2981870 wählen)
- **Zahnärztlicher Bereitschaftsdienst:** Tel. 314544, Behandlung Sa., So. und an Feiertagen 10–11 Uhr

Die Postschifffahrt zu den Nordinseln Svínoy und Fugloy (s. S. 74) ist für Kinder ein echtes Abenteuer

Die Färöer sind der LGBT-Szene gegenüber aufgeschlossen

074fi-tt

Mit Kindern unterwegs

Die Färinger sind **kinderlieb**, es herrscht **wenig Autoverkehr** und Familien mit Kindern sind überall willkommen. In vielen Restaurants und Cafés werden spezielle Kinderteller angeboten. In den Toiletten gibt es Wickeltische.

Wegen des harschen Geländes sind **Bergwanderungen nur für größere Kinder** geeignet. Auch die steilen Klippen, an denen es keinerlei Absperrungen gibt, können für Kinder gefährlich werden. Langeweile wird auf den Färöern kaum aufkommen, denn die Kinder können herumtoben und in der einzigartigen **Natur** immer wieder Neues entdecken: Schafe am Wegesrand, Seevögel, plätscherndes Wasser, kleine Felsen zum Klettern u. v. m.

075fi-tt

Die bunten Spechte in einem Garten in Gjógv 24 sind aus Holz geschnitzt – ein Blickfang nicht nur für Kinder

Bei größeren Kindern sind Fahrten in die **Brandungshöhlen** (s. S. 44) beliebt. Hier fährt immer auch das ganz große Abenteuer mit – denn vielleicht verstecken sich in den Höhlen ja Piraten und spuken Geister. Bei Grottenkonzerten (s. S. 76) sind Kinder leider nicht zugelassen.

Im Zentrum von **Tórshavn** zieht der große **Spielplatz Grasagarður** Familien mit Kindern an. Er bietet Picknickplätze und etliche Spielmöglichkeiten wie Sandkästen, Schaukeln, Trampolins und Klettertürme für Kinder jeden Alters. In der Hauptstadt verspricht zudem das **Meeresmuseum** 10 abwechslungsreiche Stunden – hier kann man Fische und andere Meerestiere aus der Nähe betrachten. Auch die **Freilichtmuseen Hoyvíksgarður** 9 und **Dúvugarðar** 20 in Saksun 19 sind für Familien mit Kindern interessant. Größere Kids können sich im Saga-Museum in Vestmanna 17 ein wenig gruseln (s. Vestmanna Tourist Centre, S. 43).

Immer beliebt bei Kindern sind Pferde. Eine **Reittour** auf einem der kleinen Färöerpferde hinterlässt sicherlich bleibende Eindrücke (s. S. 100).

- **Spielplatz Grasagarður** <148> Tórsgøta, nordwestlich Steinatún, kurzer Fußweg von der Niels Winthers gøta, ganzjährig frei zugänglich

Notfälle

Notruf

› **Rettungsdienst, Polizei und Feuerwehr:** Tel. 112 (bei ausländischen Mobiltelefonen 00298112 wählen)

Polizei

- **Polizeiwache Tórshavn (Politistøðin)** <149> Húsgøta 3, https://politi.fo, Tel. 114 (Auskünfte) bzw. 112 (Notruf), bei ausländischen Mobiltelefonen 00298114 bzw. 00298112 wählen, geöffnet: Mo., Mi.–Fr. 10–15 Uhr

Kartensperrung

Bei **Verlust der Debit-/Giro-, Kredit- oder SIM-Karte** gibt es für Kartensperrungen eine **deutsche Zentralnummer** (unbedingt vor der Reise klären, ob die eigene Bank bzw. der jeweilige Mobilfunkanbieter diesem Notrufsystem angeschlossen ist). **Aber Achtung:** Mit der telefonischen Sperrung sind die Bezahlkarten zwar für die Bezahlung/Geldabhebung mit der PIN gesperrt, nicht jedoch für das **Lastschriftverfahren mit Unterschrift.** Man sollte daher auf jeden Fall den Verlust zusätzlich **bei der Polizei zur**

Anzeige bringen, um gegebenenfalls auftretende Ansprüche zurückweisen zu können.

In **Österreich** und der **Schweiz** gibt es keine zentrale Sperrnummer, daher sollten sich Besitzer von in diesen Ländern ausgestellten Debit- oder Kreditkarten vor der Abreise bei ihrem Kreditinstitut über den zuständigen Sperrnotruf informieren.

Generell sollte man sich immer die **wichtigsten Daten** wie Kartennummer und Ausstellungsdatum **separat notieren,** da diese unter Umständen abgefragt werden.

› **Deutscher Sperrnotruf:** Tel. +49 116116 oder Tel. +49 3040504050
› **Weitere Infos:** www.kartensicherheit.de, www.sperr-notruf.de

Öffnungszeiten

› **Geschäfte:** Mo.-Do. 9/10-17.30, Fr. bis 19, Sa. bis 12 Uhr, So. geschlossen. Große Supermärkte haben oft Mo. bis Sa. bis 22 Uhr geöffnet.
› **Banken:** Mo.-Fr. 9.30-16, Do. bis 18 Uhr
› **Tankstellen und Kioske:** tgl. bis 21, teilweise auch bis 23 Uhr
› **Post:** Mo.-Fr. 9-17 Uhr

In kleinen Orten sind kürzere Öffnungszeiten möglich.

Post

Die **Hauptpost in Tórshavn** bietet alle Serviceleistungen der Post *(posta).* Das **Porto** für einen Brief oder eine Postkarte ins europäische Ausland beträgt 31 kr. **Färöische Briefmarken** *(frímerki)* sind bei Sammlern ausgesprochen beliebt. Das Postverk Føroyar (die Postverwaltung) stellt auf der Internetseite **www.stamps.fo** jede Briefmarke mit einer ausführlichen Beschreibung vor (auch auf Deutsch). Hier kann man die Briefmarken auch bestellen. Ansonsten erhält man die aktuellen Marken im Hauptpostamt:

› **Hauptpost in Tórshavn** <150> Óðinshædd 2, im Nordosten der Stadt am Hoyvíksvegur, Tel. 346000, www.posta.fo, geöffnet: Mo.-Fr. 10-16 Uhr

094fi-tt

Der Riesenbriefkasten in Skopun ist nicht wirklich praktikabel (s. S. 76)

Sicherheit

Die Färöer sind ein **sehr sicheres Reiseland.** Auch nachts droht kaum Gefahr, überfallen und ausgeraubt zu werden. Alleinreisende Frauen werden in der Regel nicht belästigt. Wenn freitag- und samstagsnachts allzu viel Alkohol im Spiel ist, kann es jedoch vereinzelt zu Handgreiflichkeiten und sexuellen Belästigungen kommen.

Sprache

Die Färöer haben ihre eigene Sprache: **Färöisch.** Sie gehört zu den germanischen Sprachen und ist aus dem Altnordischen und dem Isländischen hervorgegangen. Bis heute hat sich die gesprochene Sprache kaum verändert. Um 1540, nach der Reformation, wurde **Dänisch** alleinige Amtssprache und Färöisch verschwand als Schriftsprache. Färöische Texte konnten nur noch mündlich überliefert werden. 1846 schuf der Pfarrer und Philologe Venceslaus Ulricus Hammershaimb (s. S. 58) die moderne färöische Schriftsprache. Dies war eine der Voraussetzungen für die färöische Nationalbewegung Ende des 19. Jh. Seit 1937 wird Färöisch wieder in den Schulen unterrichtet und seit 1948 ist es neben Dänisch auch Amtssprache.

Viele Färinger, vor allem die jüngeren, sprechen gut **Englisch,** einige sogar **Deutsch.** Die **kleine Sprachhilfe** im Anhang (s. S. 136) hilft bei der Verständigung und Orientierung vor Ort.

Telefonieren

Vorwahlen

- **Färöer:** 00298
- **Deutschland:** 0049
- **Österreich:** 0043
- **Schweiz:** 0041

Wer auf den Färöern ein **ausländisches Handy** benutzt, muss die Vorwahl der Färöer vor die örtliche Telefonnummer setzen, also statt Tel. 1234 Tel. 002981234 wählen.

Da die Färöer **nicht zur EU** gehören, fallen beim Telefonieren mit einem ausländischen Mobiltelefon auch nach Inkrafttreten der EU-Roaming-Verordnung je nach Provider unterschiedlich hohe **Roaming-Gebühren** an. Kauf und Nutzung einer färöischen **Prepaidkarte** kann Kosten sparen, vorausgesetzt, das Handy hat kein SIM-Lock und akzeptiert die Karte eines fremden Anbieters. So braucht man beim Telefonieren innerhalb der Färöer keine Ländervorwahl vor die örtliche Telefonnummer zu setzen.

Viele Reisende nutzen auch im Ausland eine **mobile Datenverbindung.** Dies ist jedoch häufig mit hohen Kosten verbunden. Man sollte daher vor der Reise bei seinem Netzbetreiber Informationen über evtl. günstigere Auslandsdatenpakete einholen oder zur Sicherheit die Mobile-Daten-Option deaktivieren und nur über kostenlose WLAN-Netze ins Internet gehen.

Touren

Stadtführungen und Tagestouren

Die Touristeninformation in Tórshavn (s. S. 29) bietet ganzjährig **geführte Stadtrundgänge durch Tórshavn und speziell Tinganes** ❷ an. Unterwegs werden Häuser und Plätze der Hauptstadt mit tatsächlichen und sagenhaften Begebenheiten und Geschichten vorgestellt.

Verschiedene Reiseveranstalter bieten **geführte Halbtages- und Tagesausflüge** zu den Sehenswürdigkeiten der Färöer, **Rundfahrten mit dem Bus, Bootsausflüge, Wanderungen** und vieles mehr an. Folgende Veranstalter sind besonders empfehlenswert:

- **62°N**, www.62n.fo
- **Faroe Incoming**, https://faroeincoming.com
- **GreenGate Incoming**, www.greengate.fo
- **Heimdal Tours**, https://heimdaltours.com
- **Make Travel**, https://make.fo
- **Tora Tourist Travel**, https://tora.fo

Vogelbeobachtung

Wanderungen und **Bootsfahrten** zur Vogelbeobachtung gehören zu den Highlights der Färöer. Wer an einer organisierten Tour teilnehmen möchte, wendet sich am besten an die örtliche **Touristeninformation** der jeweiligen Insel (s. S. 123). Aber auch **auf eigene Faust** kann man an den **Steilklippen** der Inseln Seevögel beobachten. Zu diesen gelangt man aber nur zu Fuß und die Wege dorthin sind oft nicht leicht begehbar. Gut erreichbar sind die **Vogelklippen bei Gjógv** 24 (s. S. 51), auf der **Vogelinsel Mykines** 36 und dem kleinen Nachbar **Mykineshólmur** sowie bei **Søltuvík** auf der Insel Sandoy 45 (s. S. 78).

Am einfachsten und bequemsten nähert man sich den Vogelklippen mit einem **Boot.** Die wohl spektakulärsten befinden sich nordwestlich von **Vestmanna** 17 (s. S. 44).

Auf der Insel **Nólsoy** 12 werden **Nachtexkursionen** zu einer **Kolonie von Sturmschwalben** angeboten (s. S. 34).

Wal- und Naturbeobachtung

Das Potenzial für **Whale Watching** ist auf den Färöern lange nicht so groß wie in Island: Die Erfolgsaussichten, Wale aus der Nähe zu sehen, sind gering. In den Gewässern um die Inseln trifft man nicht ständig Wale an, sodass regelmäßige Walbeobachtungsfahrten wenig Sinn machen. Es gibt deshalb auch **keine Bestrebungen, die Walbeobachtungsfahrten auszubauen.**

Gleichwohl sind die Färöer prädestiniert für **Naturbeobachtungsfahrten (Nature Watching):** Fahrten mit dem Schiff zu Vogelklippen, Brandungshöhlen und durch die Fjorde sind beliebt und werden in den Sommermonaten von diversen Touranbietern (s. Tagestouren S. 128) regelmäßig veranstaltet. Mit etwas Glück kann man auf einer solchen Nature-Watching-Fahrt auch auf Wale treffen.

Auch Tauchtouren (s. S. 89) sind auf den Färöern möglich: Hier der faszinierend-bunte Unterwasserwald vor der Küste von Elduvík 25

Uhrzeit

Auf den Färöern gilt die **Westeuropäische Zeit (WET).** Dies entspricht der mitteleuropäischen Sommerzeit minus eine Stunde.

Unterkunft

Die **meisten Übernachtungsmöglichkeiten** gibt es in der Hauptstadt **Tórshavn.** In den kleinen Dörfern an der Küste gibt es kaum Hotels und Gästehäuser. Caravaning wird immer beliebter, weshalb **Wohnmobilstellplätze** übers ganze Land verteilt sind. Campingplätze, auf denen man auch zelten kann, sind hingegen rar. Auf der Website https://visitsuduroy.fo/camping ist eine Broschüre mit allen Campingplätzen auf den Färöern abrufbar.

Mit dem zunehmenden Tourismus haben auch in Tórshavn **4-Sterne-Luxushotels** im modernen skandinavischen Stil eröffnet. Am häufigsten auf den Färöern vertreten sind **Mittelklassehotels,** die schlicht eingerichtet und ebenfalls hochpreisig sind. Einfache, günstige Hotels gibt es nicht. Auch **private Gästehäuser,** die allerdings auf den Färöern nicht so verbreitet sind, haben sich dem Preisniveau der Hotels angeglichen.

Übernachtungen in Gästehäusern und anderen Privatunterkünften werden meist von den Touristinformationen und Reiseveranstaltern vermittelt. Zum Preisvergleich kann man prüfen, ob Zimmer über ein Buchungsportal günstiger erhältlich sind. **Privatzimmer** erfragt man am besten über die Touristeninformationen (s. S. 123).

In den **Sommermonaten Juni bis August** ist auf den Färöern **Hauptsai-**

Buchungsportale

Die Färöer haben ein eigenes Buchungsportal eingerichtet, in dem man inselweit Zimmer buchen kann (www.booklocal.fo). Viele Hotels und Gästehäuser können auch über internationale Buchungsportale wie www.booking.com, www.hrs.de oder www.trivago.de gebucht werden. Zudem gibt es auch Anbieter, bei denen man **Privatunterkünfte** buchen kann. Portale wie www.airbnb.de oder www.wimdu.de vermitteln private Wohnungen, Zimmer oder auch nur einen Schlafplatz auf einer Couch. Diese oft recht günstigen Übernachtungsmöglichkeiten sind umstritten, da sie bewirken, dass die Mieten für Einheimische ansteigen und bezahlbarer Wohnraum knapp wird.

077fi-tt

son. Dann sind viele Übernachtungsmöglichkeiten – allen voran die preisgünstigen – schnell ausgebucht. Dies gilt vor allem für die Nächte So./Mo. und Di./Mi., an denen die Reisenden der Fähre Norröna, die weiter nach **Island** fahren, einen **Zwischenaufenthalt auf den Färöern** einlegen. Auch das Wochenende des **St. Olavsfests** (s. S. 104) Ende Juli ist häufig ausgebucht. Deshalb ist eine **frühzeitige Reservierung** möglichst schon **Ende des Vorjahres** angeraten. Ferner kommen über Weihnachten, Ostern und Pfingsten viele Besucher.

Verhaltenstipps

Gut so!

- Legere **Casual-Kleidung** und bequeme Schuhe mit flachen Absätzen sind bei den Damen auf den Färöern angesagt. Zum Abendessen in einem **guten Restaurant** kleidet man sich etwas **schicker:** Herren tragen ein Jacket, auf die Krawatte kann aber verzichtet werden.
- Färinger sind **freundlich und hilfsbereit** und erwarten dies auch von einem Fremden.

So nicht!

- Auf Wanderungen lässt man **keinen Abfall** in der Natur zurück.
- Während der sonntäglichen **Gottesdienste,** die meistens zwischen 11 und 12 Uhr stattfinden, sollte man keine **Kirche** besichtigen.
- **Kritisieren und maßregeln** Sie einen Färinger nicht wegen des **Walfangs** und der **Vogeljagd.** Beides ist auf den Färöern genauso legal und Tradition wie der Besitz von Waffen in den USA und die unbegrenzte Geschwindigkeit auf deutschen Autobahnen. Vertreten Sie ruhig Ihre Meinung und diskutieren Sie auf Augenhöhe mit ihrem Gegenüber.
- Die Färinger hören es gar nicht gerne, wenn jemand sagt, die Inseln gehören zu **Dänemark.** Sie betrachten Dänen als Ausländer.
- Die in **Tinganes** 2 wohnenden Färinger mögen es nicht, wenn Touristen durch die Fenster in ihre kleinen Holzhäuser starren oder gar durch ihre Vorgärten trampeln. Respektieren Sie ihre **Privatsphäre** und bleiben Sie auf **Distanz!**

Ein Fischerboot fährt an einer Brandungshöhle vorbei

Verkehrsmittel

Die bewohnten Inseln der Färöer und fast alle Orte sind mit **öffentlichen Verkehrsmitteln** (Bus, Fähre, Hubschrauber) erreichbar, in abgelegene Gebiete fahren jedoch nur wenige Busse.

Das Unternehmen **Strandfaraskip Landsins** betreibt den öffentlichen Fernverkehr auf den Färöern mit **Fähren und Überlandbussen.** Ein **Liniennetzplan** befindet sich auf dem Faltplan dieses Buches.

- **Infos und Fahrpläne:** www.ssl.fo, Info-Tel. 343030 (24 Std. tgl. besetzt)

Fähren (Oyggjaleiðir)

Es gibt insgesamt **acht Fährlinien,** die die einzelnen Inseln miteinander verbinden. Die Fähren, die zu den kleineren Inseln führen, sind außer auf der Rückseite des Insel-Faltplans im Textteil bei den jeweiligen Inseln aufgeführt. Da es wetterbedingt häufig **Abweichungen vom Fahrplan** gibt, sollte man die aktuellen Abfahrtszeiten der Fähren unter www.ssl.fo in

Erfahrung bringen. Vom **Fähranleger in Tórshavn** fährt die **Autofähre 7** zur Südinsel Suðuroy 51 und die **Linie 90** zur Insel Nólsoy 12. Die Abfahrts- und Ankunftszeiten sowie die Anzahl der Fahrten pro Tag können sich je nach Passagieraufkommen und Wetterlage kurzfristig ändern (aktuelle Angaben s. Website). **Autoreisende** müssen mindestens 15 Min. vor Abfahrt der Fähre am Fähranleger sein. **Tickets** sind in den Fährbüros am jeweiligen Hafen oder direkt auf der Fähre erhältlich.

- **Fähranleger Tórshavn** <151> am Osthafen

Überlandbusse (Bygdaleiðir)

Es gibt insgesamt **23 Buslinien.** Die **blauen Überlandbusse** verkehren werktags auf viel befahrenen Strecken etwa stündlich bis zweistündlich, auf wenig befahrenen Strecken fährt meist nur morgens und abends ein Bus. Am Wochenende ist die Frequenz ebenfalls geringer. **Fahrkarten** können vorab am Automaten (sofern vorhanden) oder direkt im Bus gekauft werden. Bitte beachten: Der Busfahrer wechselt nicht, also Kleingeld bereithalten! Möglich ist auch die Bezahlung mit Kreditkarte. Fahrplaninfos gibt es über die App (s. S. 124)

- **Busbahnhof Überlandbusse Tórshavn** <152> hinter dem Fährterminal am Osthafen

Linienhubschrauber (Tyrlutænastan)

Viele Färinger nutzen den **subventionierten Linienhubschrauber,** um in die Hauptstadt Tórshavn und zurück auf ihre Insel zu gelangen. Insgesamt gibt es **drei Flugrouten.** Hubschrauberflüge müssen **vorab gebucht** werden. Der Hubschrauber fliegt das ganze Jahr über sonntags, mittwochs und freitags, sofern es das Wetter zulässt. Von Juni bis August wird auch montags geflogen. In Tórshavn befindet sich das Hubschrauberterminal im Vorort Hoyvík [E5].

Seit 2022 werden Hubschrauberflüge für **Touristen**, die keinen ständigen Wohnsitz auf den Färöern haben, nicht mehr vom Staat subventioniert. Dadurch haben sich die Preise

079fi-tt

verdreifacht. Ein Flug von Tórshavn nach Suðuroy kostet beispielsweise 1080 kr, nach Mykines 645 kr.

- **Heliport Tórshavn** <153> Ytri við Strønd 24, Hoyvík, geöffnet: Mo.-Do. 8-16, Fr. 8-15 Uhr
- **Heliport am Flughafen Vágar** [B/C4], geöffnet: Mo.-Fr. 8-16, So. 10-12 Uhr
- **Flugzeiten und Preise:** www.atlanticairways.com/en/helicopter/timetable bzw. www.atlanticairways.com/en/helicopter/fares-and-conditions, Tel. 341000
- **Flugroute Norden:** Tórshavn - Klaksvík 38 - Svínoy und Fugloy 44 und zurück
- **Flugroute Westen:** Tórshavn - Vágar (Flughafen) - Mykines 36 und wieder zurück
- **Flugroute Süden:** Tórshavn - Skúvoy 50 - Stóra Dímun - Tvøroyri 52 auf Suðuroy und zurück

Stadtbusse (Bussleiðin) in Tórshavn

Die **roten Stadtbusse** der Hauptstadt können **kostenlos** genutzt werden. Zentrale Umsteigestelle ist der **Busbahnhof Steinatún** im Stadtzentrum. Es gibt **sieben Linien,** die auch in benachbarte Orte wie Kirkjubøur 14 und Kollafjørður 15 fahren. Die vielbefahrenen Linien 1 bis 3 verkehren täglich im 20-Minuten- bis Stundentakt, die weniger befahrenen Linien 4 bis 6 fahren Mo. bis Fr. alle 2 bis 4 Stunden und die Linie 7 verkehrt nur samstags.

- **Linie 1:** Hamarin, Landssjúkrahúsið (Krankenhaus), Steinatún, SMS, Hoyvík
- **Linie 2:** Norðasta Horn, Landssjúkrahúsið, Steinatun, Skansin, SMS
- **Linie 3:** AB-vøllur, Glasir, Steinatún, SMS, Óðinshædd, Berjabrekka
- **Linie 4:** Glasir, Steinatún, SMS, Gundadalur, Undir Brúnni, Landssjúkrahúsið, Glasir
- **Linie 5:** Kirkjubøur, Velbastaður, Steinatún, SMS, Kaldbak
- **Linie 6:** Kollafjørður, Hvítanes, SMS, Steinatún, Landssjúkrahúsið, Glasir
- **Linie 7:** Kollafjørður, Kaldbak, Steinatún, Velbastaður, Kirkjubøur

■ **Busbahnhof Stadtbusse Tórshavn** <154> Steinatún

- **Infos und Fahrpläne:** www.torshavn.fo/byur-og-ferdsla/vegir-og-ferdsla/bussleidin

Taxis

In Tórshavn stehen die Taxis an der **Niels Finsens gøta** nördlich der Straße Steinatún, am **Stadtplatz Vaglið** und am **Terminal des Fährhafens.**

Die färöischen Taxiunternehmen **Bil Taxi** und **Auto Taxi** sind inselweit im Einsatz.

- **Bil Taxi,** Tel. 323232, https://taxi.fo
- **Auto Taxi,** Tel. 363636, https://auto.fo/en

Die **Preise** richten sich i.d.R. nach der **Fahrzeit** und nicht nach Kilometern. Im Stadtgebiet Tórshavn sind sie jedoch zeitunabhängig und innerhalb bestimmter Zonen gelten Pauschalpreise. Auch für die Fahrt zum Flughafen gibt es einen Festpreis. Hier einige Preisbeispiele:

- **Stadtgebiet Tórshavn:** Mo.-Fr. 6-17 Uhr je nach Zone 100-125 kr, 17-24 Uhr 110-135 kr, 0-6 Uhr 120-160 kr
- **Außerhalb von Tórshavn:** 30 Min. jeweils 250-320 kr (je nach Tageszeit)
- An **Wochenenden und Feiertagen** sind die Preise um etwa 30 % und am Nationalfeiertag 50 % höher.
- Die Fahrt von Tórshavn zum **Flughafen Vágar** kostet pauschal 750 kr.

◁ Die roten Stadtbusse der Hauptstadt fahren bis nach Kirkjubøur 14

080fi-vfi©Alessio Mesiano/visitfaroeislands.com

Wetter und Reisezeit

Dank des **Golfstroms** gibt es auf den Färöern keine extremen Klimaunterschiede zwischen Sommer und Winter. Trotz der nördlichen Lage mitten im Meer wird es auf den Inseln deshalb nicht allzu kalt. Die **mittlere Jahrestemperatur** beträgt 7,5 °C. Im **Sommer** ist mit durchschnittlich 11 °C recht kühl, auch wenn Höchstwerte von bis zu 22 °C erreicht werden können. Im **Winter** fällt das Thermometer selten unter minus 6 °C. Im Jahr gibt es etwa 30 Frost- und insgesamt 300 Regentage, allerdings auch nur 44 Sonnentage ohne Schauer. Mit reichlich **Wind** muss man das ganze Jahr über rechnen und in den Bergen wird man häufig von schnell aufziehendem, dichtem **Nebel** überrascht.

Die Färöer kann man **ganzjährig besuchen**, doch die **meisten Touristen** kommen in den Monaten **Juni bis August.** Dann kann man herrlich wandern und alle touristischen Dienstleistungen sind verfügbar.

⌃ *An der Nordküste von Eysturoy* (22) *zieht ein Wintersturm auf*

› *Heuernte bei Tjørnuvík* (21)

Durchschnitt	Wetter auf den Färöern											
Maximale Temperatur	5°	6°	6°	7°	9°	11°	13°	13°	11°	9°	7°	6°
Minimale Temperatur	1°	2°	2°	3°	5°	7°	8°	9°	7°	5°	3°	2°
Regentage	22	17	21	16	12	12	13	13	18	22	21	22
Wassertemperatur	6°	5°	6°	6°	8°	9°	10°	11°	10°	9°	8°	6°

ANHANG

070fi-tt

Kleine Sprachhilfe Färöisch

Für einen vertiefenden Einstieg sei der Reisesprachführer „Färöisch – Wort für Wort" aus dem Reise Know-How Verlag (Kauderwelsch-Band 171) empfohlen.

Das **färöische Alphabet** hat 29 Buchstaben: a á b d ð e f g h i í j k l m n o ó p r s t u ú v y ý æ ø. Vereinzelt findet man auch noch die dänischen Großbuchstaben Ø und Æ. Im Folgenden sind nur die grundlegenden **Ausspracheregeln** angegeben:

æ	wie a (hædd = hadd)
á	wie ein langes o (álka = o:lka)
e	wie ä (egg = ägg)
y	wie i (mynd = mind)
í, ý	wie ein kurzes uj (ídnast = ujd nast, sýndu = sujndu) vor g, k, sch, dsch: wie u (líkt = lukt)
ó	wie ein kurzes ö (ódn = ödn)
ú	wie ü (náttúra = no:ttüra)
ø	wie ö (øl = öl)
ang	wie äng (hanga = hänga)
ank	wie änk (banka = bänka)
ógv	wie äggv (ógva = äggva)
úgv	wie iggv (kúgv = kiggv)
ei	wie ai (beint = baint) ei vor gj, nk, gg wie ein langes, offenes o (steingja = stondscha)
ey	wie äi (breyð = bräi, das ð wird nicht ausgesprochen)
oy	wie oi (hoyra = hoira) vor gesprochenem dsch, g, k, r: wie ein offenes o (koyrdri = kordee) dj, gj, ggj wie dsch (oyggj = odsch)
ðr	wie ggr (neðra = näggra)
hj	wie tsch (hjá = tscho:)
hv	wie kv (hvør = kvör)
kj, kkj, tj	wie tsch (tekja = tetscha) vor kk, pp, tt wird ein langes h gesprochen (takka = tahka) ll wird dl (ull = udl)
nn	wie dtn (seinna = saidtna)
v	wie ein langes u (havn = hau:n)

Häufig gebrauchte Wörter und Sätze

ja	*ja*
nein	*nei*
danke	*takk fyri*
vielen Dank	*stóra tøkk*
Entschuldigung	*orsaka*
bitteschön	*versgu*
Guten Morgen	*Góðan morgun*
Guten Tag	*Góðan dag*
Guten Abend	*Gott kvøld*
Hallo	*Hey*
Auf Wiedersehen	*Farvæl*
Tschüss	*Vit s'ggjast*
Prost!	*Skál!*
Wie bitte?	*Hvat siga tygum?*
Ich verstehe nicht.	*Eg skilji ikki.*
heute	*í dag*
morgen	*í morgin*
übermorgen	*í ovurmorgin*
gestern	*í gjár*
hier	*her*
dort	*har*
hinter	*aftan fyri*
vor	*fyri*
gegenüber	*áraka*
zwischen	*millum*
bis	*til*
Toilette	*toilett*
... für Männer	*menn*
... für Damen	*kvinnur*
Ich heiße ...	*Eg eiti ...*
Ich habe ein Zimmer reserviert.	*Eg havi bílagt eitt kamar.*
Bett	*song*
Doppelbett	*tvísong*
Campingplatz	*tjaldstaður*
Hotel	*hotell*
Jugendherberge	*vallarheim*
Pension, Gästehaus	*gistingarhús*
Zoll	*tollur*

+++ **Die wichtigsten Wörter mit dem Bonus-Audiotrack des Kauderwelsch-**

Postkarte	*postkort*
Brief	*bræf*
Briefmarke	*frímerki*

Zahlen

0	*null*
1	*ein*
2	*tveir*
3	*tríggir*
4	*fýra*
5	*fimm*
6	*seks*
7	*sjey*
8	*átta*
9	*níggju*
10	*tíggju*
11	*ellivu*
12	*tólv*
13	*trettan*
14	*fjúrtan*
15	*fimtan*
16	*sekstan*
17	*seytan*
18	*átan*
19	*nítjan*
20	*tjúgu*
100	*eitt hundrað*
1000	*eitt túsand*

Wochentage

Montag	*mánudagar*
Dienstag	*týsdagur*
Mittwoch	*mikudagur*
Donnerstag	*hósdagur*
Freitag	*fríggjadagur*
Samstag	*leygardagur*
Sonntag	*sunnudagur*

Fragen

Wer?	*Hvør?*
Wo?	*Hvar?*
Was?	*Hvat?*
Wie?	*Hvussu?*
Warum?	*Hví?*
Woher?	*Hvaðani?*
Wohin?	*Hvar?*
Wann?	*Nær?*
Wo bekomme ich ...?	*Hvar fái eg ...?*
Haben Sie ...?	*Hava tygum ...?*
Was kostet das?	*Hvat kostar tað?*
Wie komme ich nach ...?	*Hvussu komist eg til ...?*
Sprechen Sie Deutsch (Englisch)?	*Tosa tygum týsk (ensk)?*
Wie heißt das auf Deutsch (Englisch)?	*Hvat eitur taðá týskum (enskum)?*
Können Sie mir helfen?	*Kunnu tygum hjálpa mær?*

Rund um den Verkehr

Auto	*bilur*
Benzin	*bensin*
Diesel	*diesel*
Öl	*olja*
Panne	*óhapp*
Pannenhilfe	*snarhjálp*
Autowerkstatt	*bilverkstaður*
Ich habe eine Reifenpanne.	*Hjólið er flatt.*
Bitte volltanken!	*Fyll tangan, takk!*
Werkstatt	*verkstaður*
Wohnmobil	*búgvogn*
Zelt	*tjald*
Führerschein	*koyrikort*
Bußgeld	*sekt*
Ich habe ein Schaf angefahren.	*Eg rendi á ein seyð.*
Tunnel	*tunnil*
Fahrrad	*súkkla*
Bus	*bussur*
Hafen	*havnin*
Fähre	*ferja*
Anlegestelle	*bryggjan*
Fahrplan	*ferðaætlan*
Fahrkarte einfach	*farseðil einvegis*
Erwachsener	*vaksin*
Kind	*barn*
Hubschrauber	*tyrla*
Hubschrauber-landeplatz	*tyrlupallurin*
Taxi!	*Taxa!*
rechts	*til høgru*
links	*til vinstru*
geradeaus	*beint fram*

Essen und Trinken

Restaurant	*matstova*
Frühstück	*morgunmatur*
Mittagessen	*døguri*
Abendessen	*nátturði*
Ein Tisch für zwei Personen, bitte!	*Eitt borðtil tvey!*
Die Speisekarte, bitte!	*Kann eg fáa maseðillin?*
Kellner!	*Tænari!*
Die Rechnung, bitte!	*Kann eg fáa rokningina?*
Suppe	*súpan*
Seefisch	*fiskur*
Grindwalfleisch	*tvøst (grind)*
Hummer	*hummar*
Schellfisch	*hýsa*
Heilbutt	*kalvi*
Lachs	*laksur*
Krabben	*rækja*
Hering	*sild*
Kabeljau, Dorsch	*toskur*
Fleisch	*kjøt*
Schweinefleisch	*flesk*
Lammfleisch	*lamb*
Wurst	*pylsur*
Geflügel	*fuglar*
Hähnchen	*høsnarungi*
Kartoffeln	*epli*
Apfel	*súrepli*
Eis	*ísur*
Kuchen	*køka*
Brot	*breyð*
Ei	*egg*
Käse	*ostur*
Butter	*smør*
Zucker	*sukur*
Marmelade	*súltutoy*
Getränke	*drekka*
Kaffee	*kaffi*
Milchkaffee	*kaffi við mjólk*
Tee (mit Milch/ mit Zitrone)	*te (við mjólk/ við sitrón)*
Bier	*øl/bjór*
Wein	*vin*
Schnaps	*brennivin*
Sekt	*kampavin*
ohne Alkohol	*uttan rúsevni*
Wasser	*vatn*
Mineralwasser	*sodavatn*
... mit/ohne Kohlensäure	*... við/uttan kolusýru*

Gesundheit und Notfälle

Arzt	*lækni*
Zahnarzt	*tannlækni*
Apotheke	*apotek*
Krankenhaus	*sjúkrahús*
Erste Hilfe	*fyrstuhjálp*
Verkehrspolizei	*løgrela*
Feuerwehr	*sløkkilið*
Durchfall	*leyst lív*
Allergie	*ovurviðkvæmi*
Erkältung	*krím*
Fieber	*fepur*
Schmerzen	*pínur*
Können Sie die Polizei (einen Arzt) rufen?	*Kunnu tygum senda boð eftir politi (einum lækna)?*

Geografische Begriffe

Norden	*norður*
Osten	*eystur*
Süden	*suður*
Westen	*vestur*
Berg	*fjall*
Tal	*dalur*
Fluss	*á*
Steilufer	*bakki*
Fjord	*fjørður*
Wasserfall	*fossur*
Schlucht	*gjógv*
Steilklippe	*hamar*
Insel	*oyggi*
Strand	*strons*
See	*vatn*
Bucht	*vík*
Steinmännchen-Wegweiser	*varði*
großer Platz	*torg*
Straße	*gøta*
Dorf	*bygd*
Museum	*savn*

Register

Impressum

Jörg-Thomas Titz

InselTrip Färöer

3., neu bearbeitete und aktualisierte Auflage 2023

ISBN 978-3-8317-3762-8

Druck und Bindung:
mediaprint solutions GmbH, Paderborn

Herausgeber: Ulrich Kögerler, Klaus Werner
Layout: amundo media GmbH (Umschlag, Inhalt), Peter Rump (Umschlag)
Lektorat: amundo media GmbH
Karten: Ingenieurbüro K. Wendler, amundo media GmbH
Anzeigenvertrieb: KV Kommunalverlag GmbH & Co. KG, Alte Landstraße 23, 85521 Ottobrunn, Tel. 089 928096-0, info@kommunal-verlag.de
Kontakt: Osnabrücker Str. 79, 33649 Bielefeld, info@reise-know-how.de

Bildnachweis

Umschlagvorderseite: © Alexander Erdbeer, stock.adobe.com | Umschlagrückseite: © Martin Zorn, stock.adobe.com | Umschlagklappe rechts: Jörg-Thomas Titz
Soweit ihre Namen nicht vollständig am Bild vermerkt sind, stehen die Kürzel an den Abbildungen für die folgenden Fotografen, Firmen und Einrichtungen. Jörg-Thomas Titz: tt | Visit Faroe Islands: vfi

Die Färöer mit PC, Smartphone & Co.

QR-Code auf dem Umschlag scannen oder **www.reise-know-how.de/inseltrip/faroer23** eingeben und die **kostenlose Web-App** aufrufen (Internetverbindung zur Nutzung nötig)!

★**Anzeige der Lage und Satellitenansicht aller** beschriebenen Sehenswürdigkeiten und weiteren Orte
★**Routenführung** vom aktuellen Standort zum gewünschten Ziel
★**Exakter Verlauf** der empfohlenen Wanderungen
★**Audiotrainer** der wichtigsten Wörter und Redewendungen
★**Updates** nach Redaktionsschluss

GPS-Daten zum Download

Die GPS-Daten aller Ortsmarken und Wanderungen stehen auf der Produktseite des Titels auf www.reise-know-how.de zum Download zur Verfügung.

Inselplan für mobile Geräte

Um den Inselplan auf Smartphones und Tablets zu nutzen, empfehlen wir die App „Avenza Maps" der Firma Avenza™. Über die Funktion „Store" kann die „Islandmap Faroe Islands 2023" kostenlos geladen werden.

Die Information über und die Bereitstellung von digitalen Zusatzinhalten (z. B. Web-App, Links, GPS-Tracks o. Ä.) ist eine freiwillige Zusatzleistung des Verlages, auf die kein Anspruch besteht und für deren Richtigkeit aufgrund der Veränderlichkeit solcher Informationen auch nicht gehaftet werden kann. Insbesondere behält sich der Verlag deshalb vor, die Bereitstellung und die Zugriffsmöglichkeit zeitlich zu befristen und den Zugriff hierauf auch vorfristig abzuschalten.

Zeichenerklärung

- 1 Hauptsehenswürdigkeit
- Camping
- Erhebung
- Flughafen
- Höhle
- Kirche, Kapelle
- Kohlegrube, Bergwerk
- Leuchtturm
- Rundblick
- ★ Sehenswürdigkeit
- ● Sonstiges
- Tankstelle
- Windrad

- Unterkünfte
- Essen und Trinken
- Einkaufen/Sonstiges
- Nachtleben
- Aktiv

Bewertung der Attraktionen

- ★★★ nicht verpassen
- ★★ besonders sehenswert
- ★ wichtig für speziell interessierte Besucher

083fi-tt

Hafen und Altstadt von Tórshavn